國家圖書館
特藏珍品

乾隆御製稿本 西清硯譜

[别册二]

上海書畫出版社

宋澄泥石渠硯正面圖 繪圖十分之八

十五

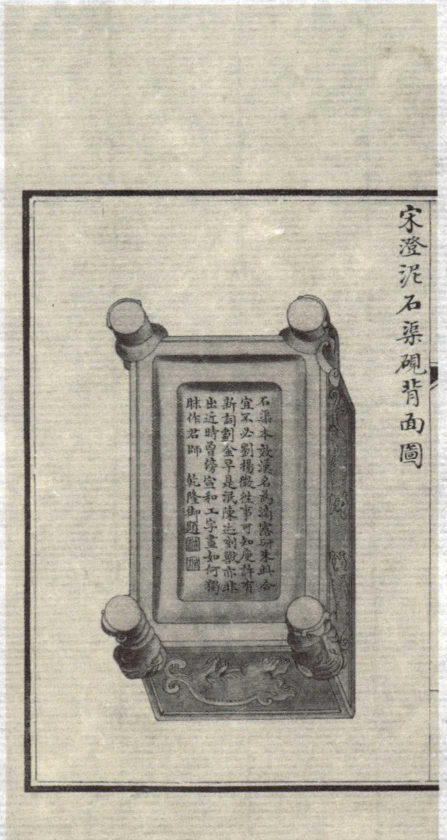
宋澄泥石渠硯背面圖

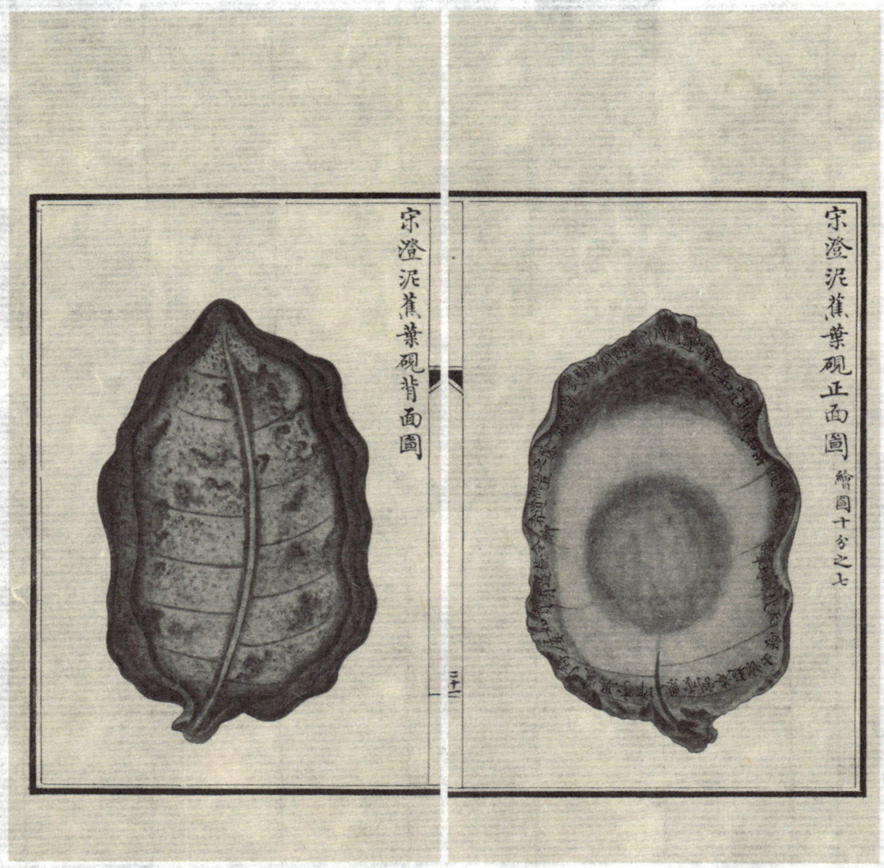
宋澄泥蕉葉硯正面圖 繪圖十分之七

宋澄泥蕉葉硯背面圖

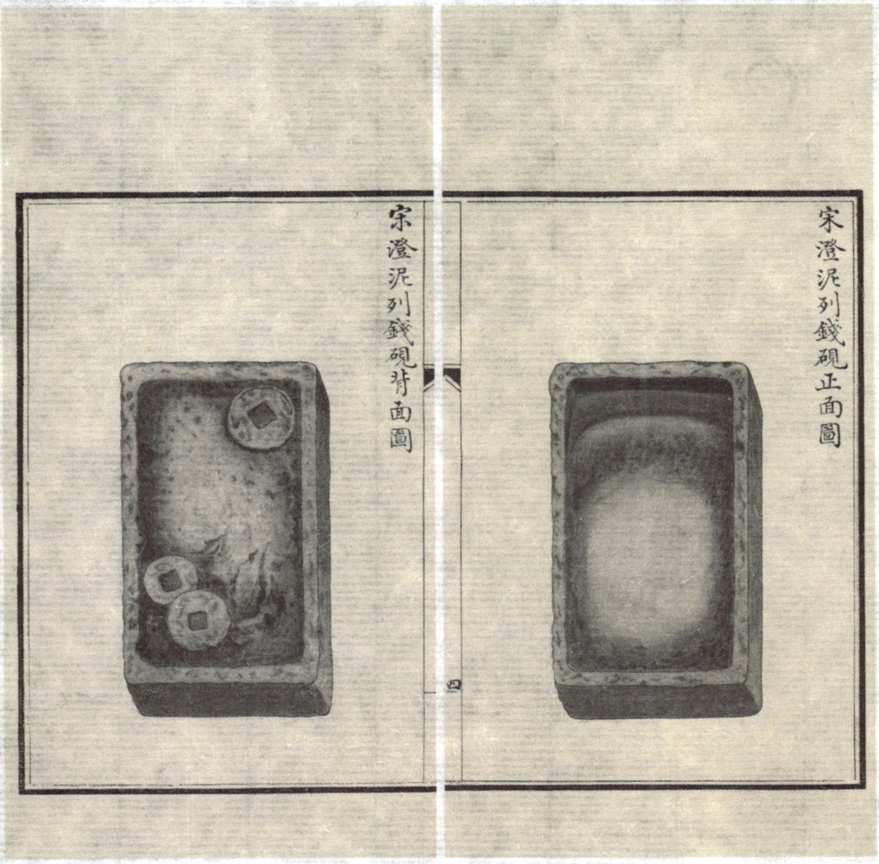
宋澄泥列錢硯正面圖
宋澄泥列錢硯背面圖
四

乾隆御題
建安

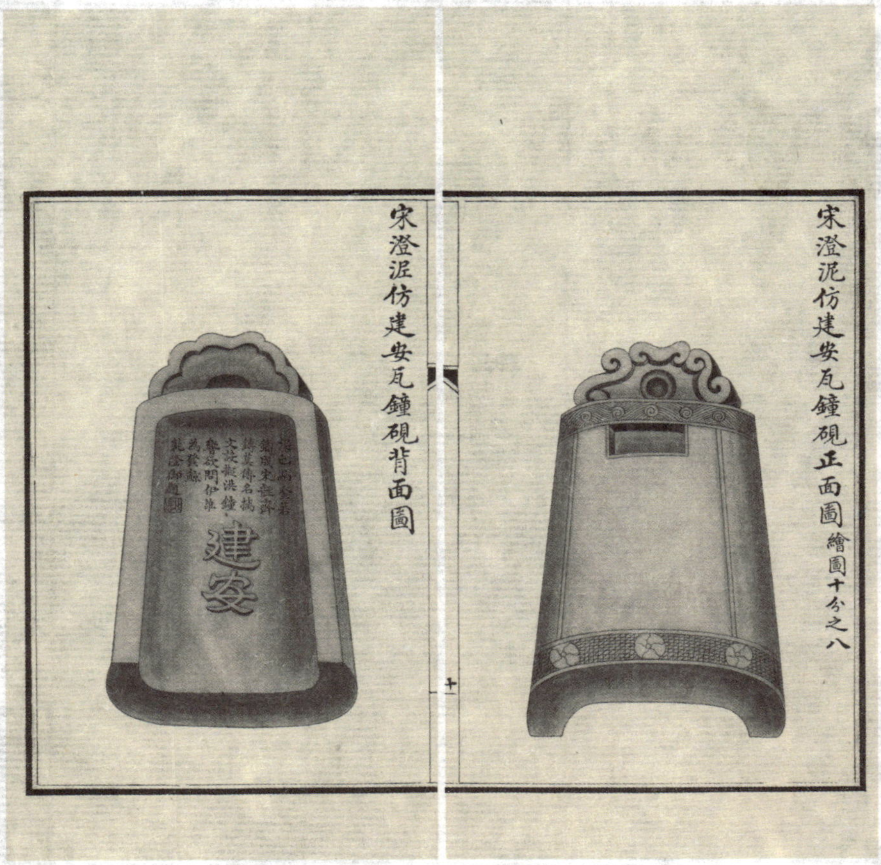
宋澄泥仿建安瓦鐘硯背面圖
建安
宋澄泥仿建安瓦鐘硯正面圖
繪圖十分之八

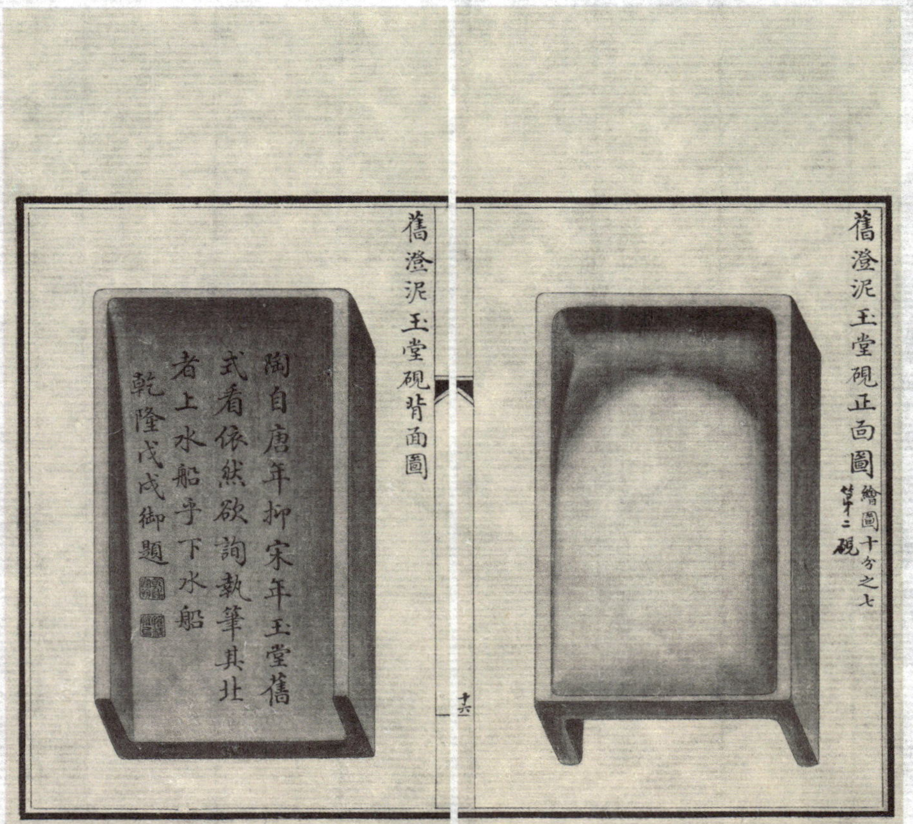

舊澄泥玉堂硯正面圖 繪圖十分之七 第二硯

舊澄泥玉堂硯背面圖

陶自唐年抑宋年玉堂舊式看依然欲詢執筆其壯者上水船乎下水船

乾隆戊戌御題

十六

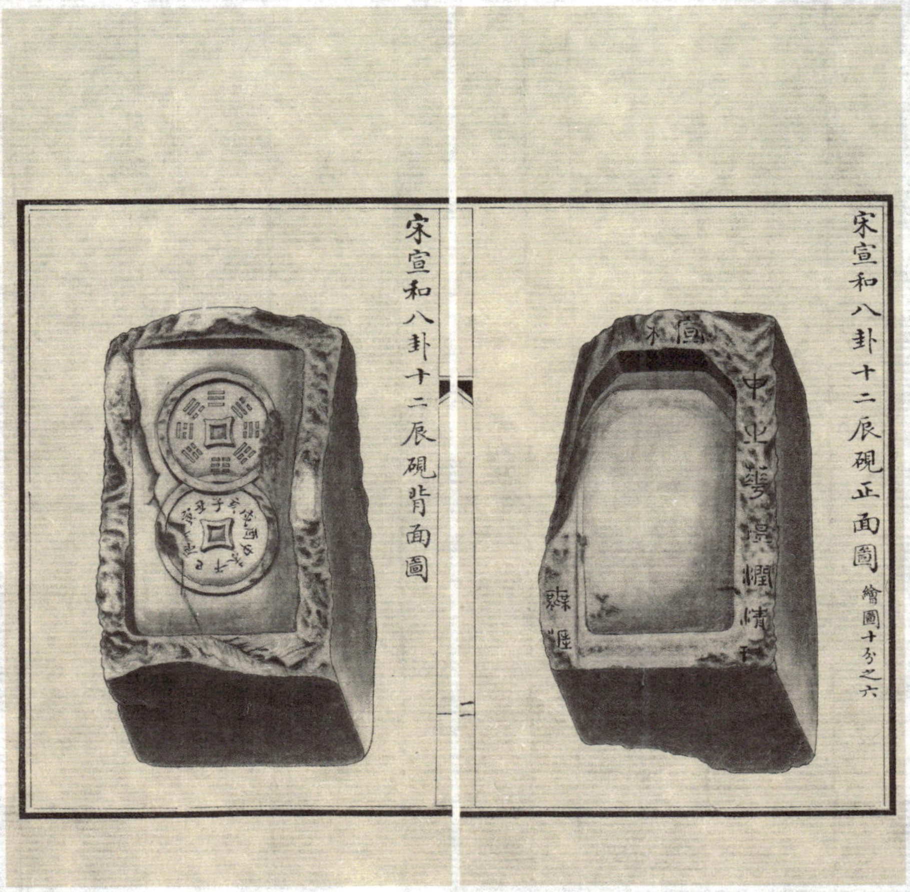
宋宣和八卦十二辰硯背面圖

宋宣和八卦十二辰硯正面圖
繪圖十分之六

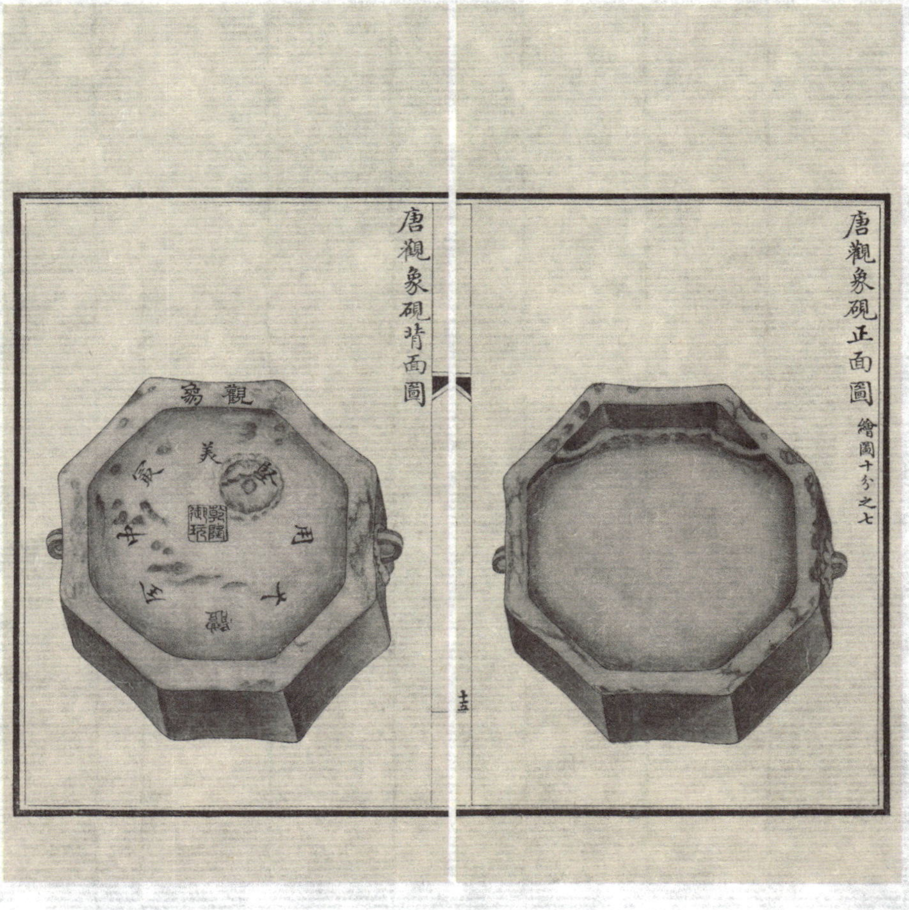
唐觀象硯正面圖
繪圖十分之七

唐觀象硯背面圖

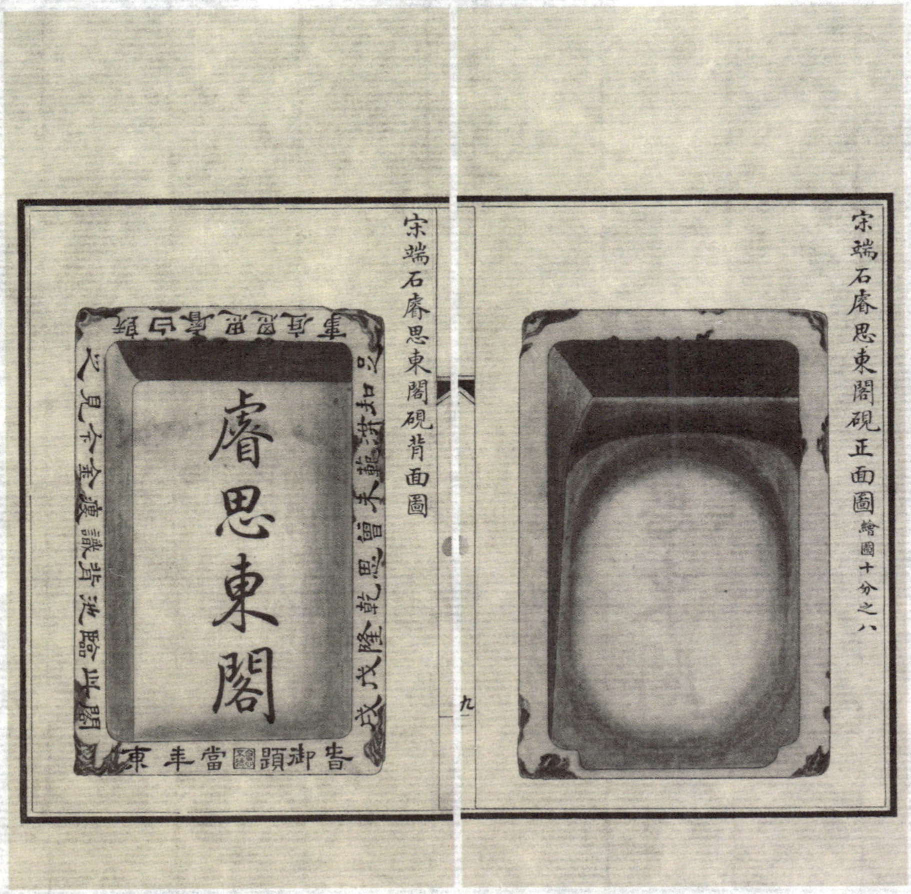

宋端石睿思東閣硯正面圖 繪圖十分之八

宋端石睿思東閣硯背面圖

九

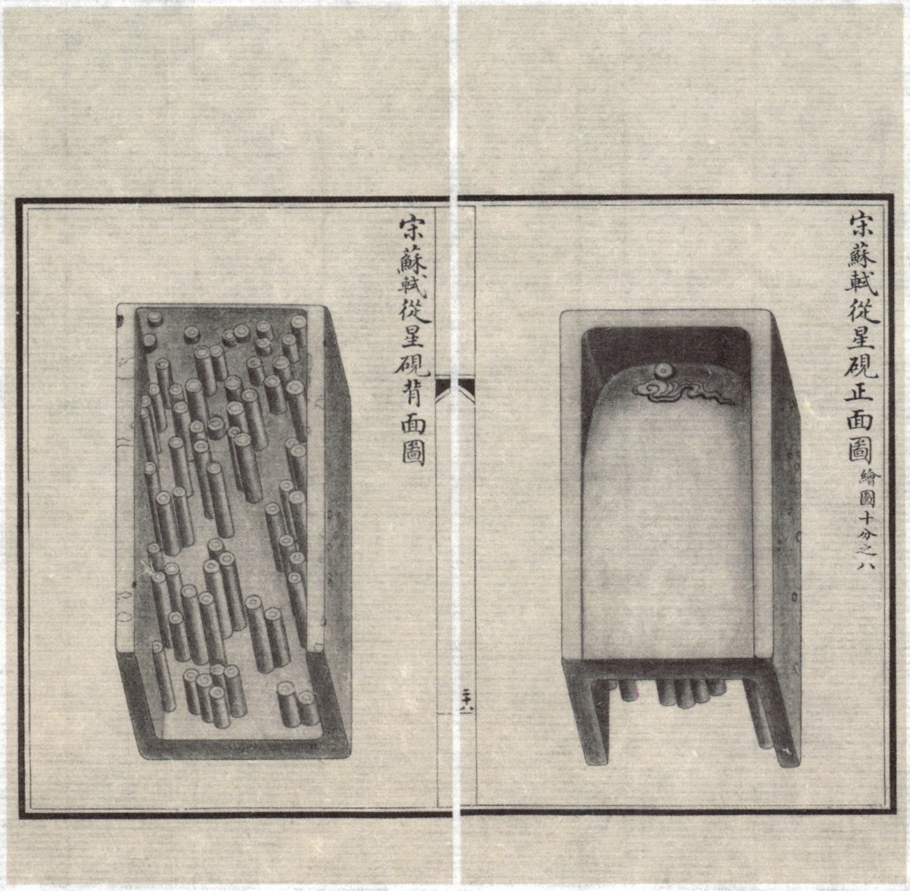
宋蘇軾從星硯正面圖 繪圖十分之八
宋蘇軾從星硯背面圖

寶晉齋
珍玩

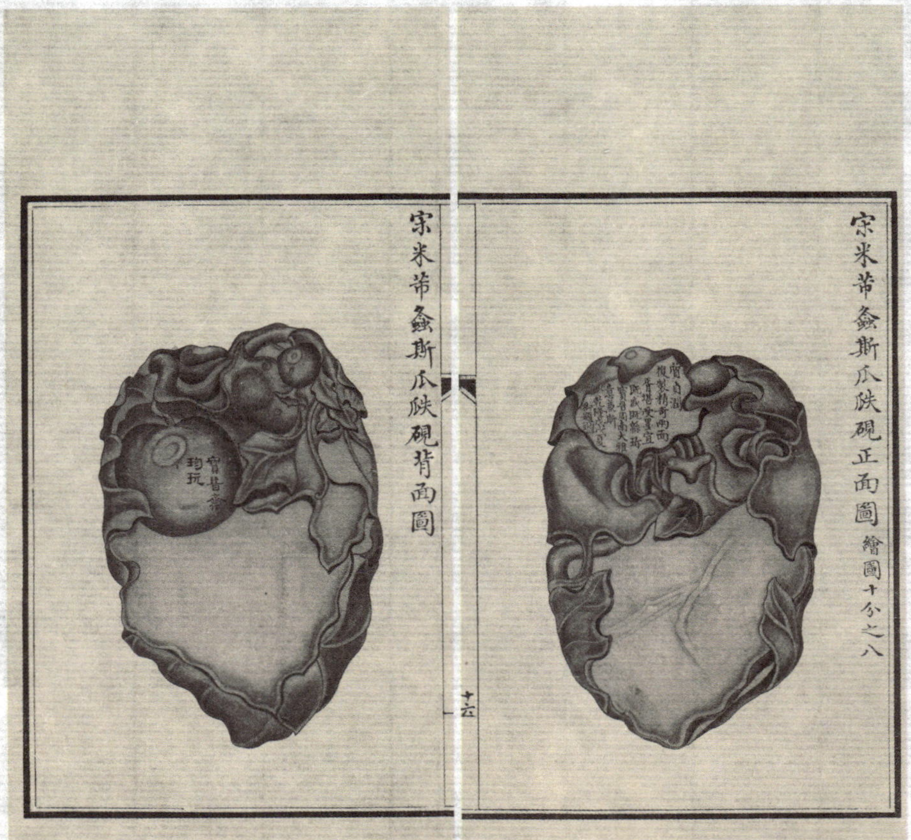
宋米芾螽斯瓜瓞硯正面圖 繪圖十分之八
宋米芾螽斯瓜瓞硯背面圖
寶晉齋
珍玩
十六

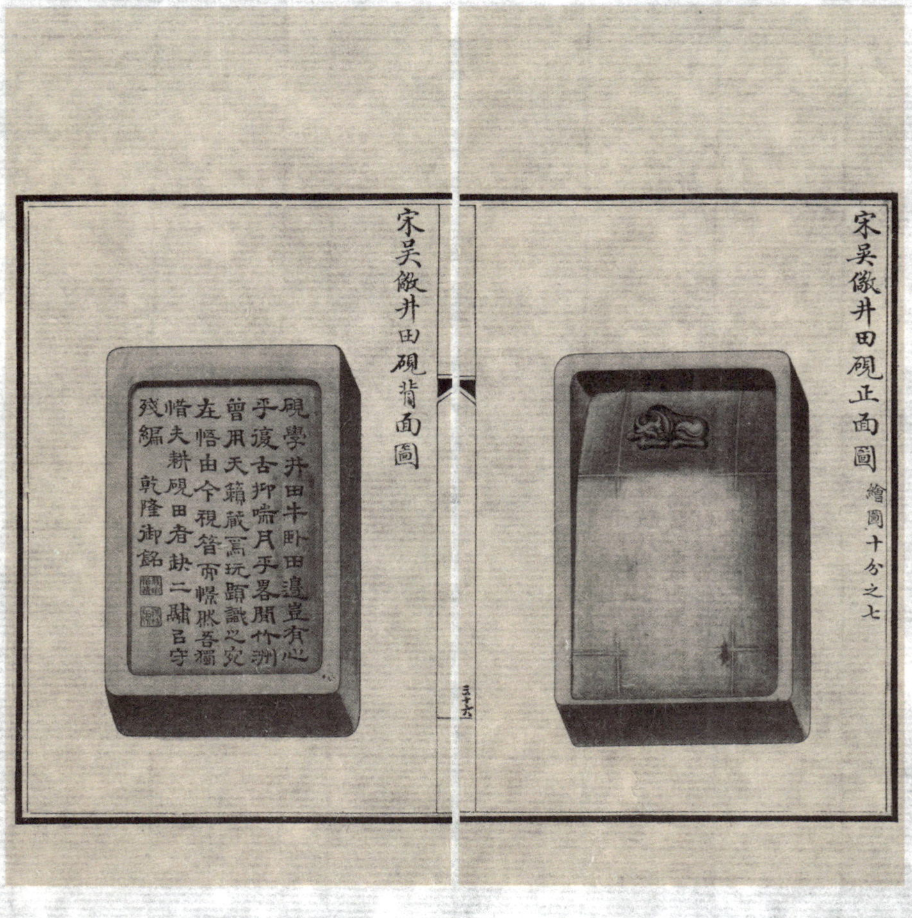

宋吴徽井田硯正面圖

繪圖十分之七

宋吴徽井田硯背面圖

硯學井田牛畊田邊豈有心
乎復古抑喻月乎畧聞竹洲
曾用天籍藏爲玩踰識之究
左悟由今視笞而慓然吾獨
惜夫耕硯田者缺二肆吕守
殘編
乾隆御銘

三十六

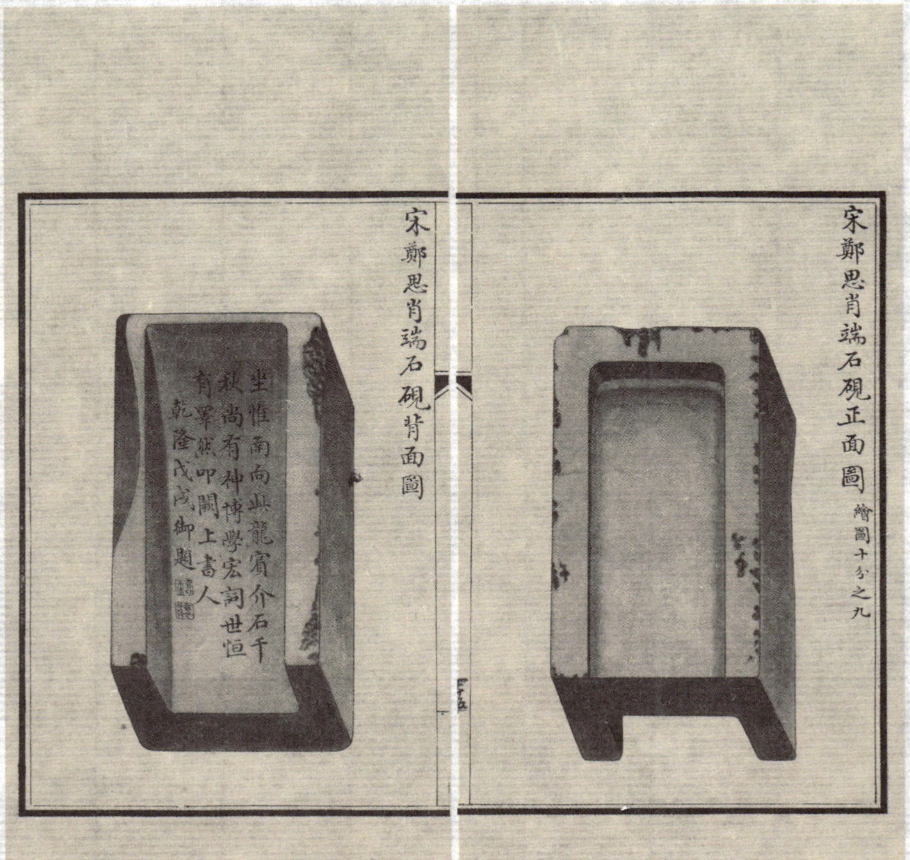

宋鄭思肖端石硯正面圖

繪圖十分之九

宋鄭思肖端石硯背面圖

坐惟南向與龍賓介石千
秋尚有神博學宏詞世恒
有筆紙叩閽上書人
乾隆戊戌御題

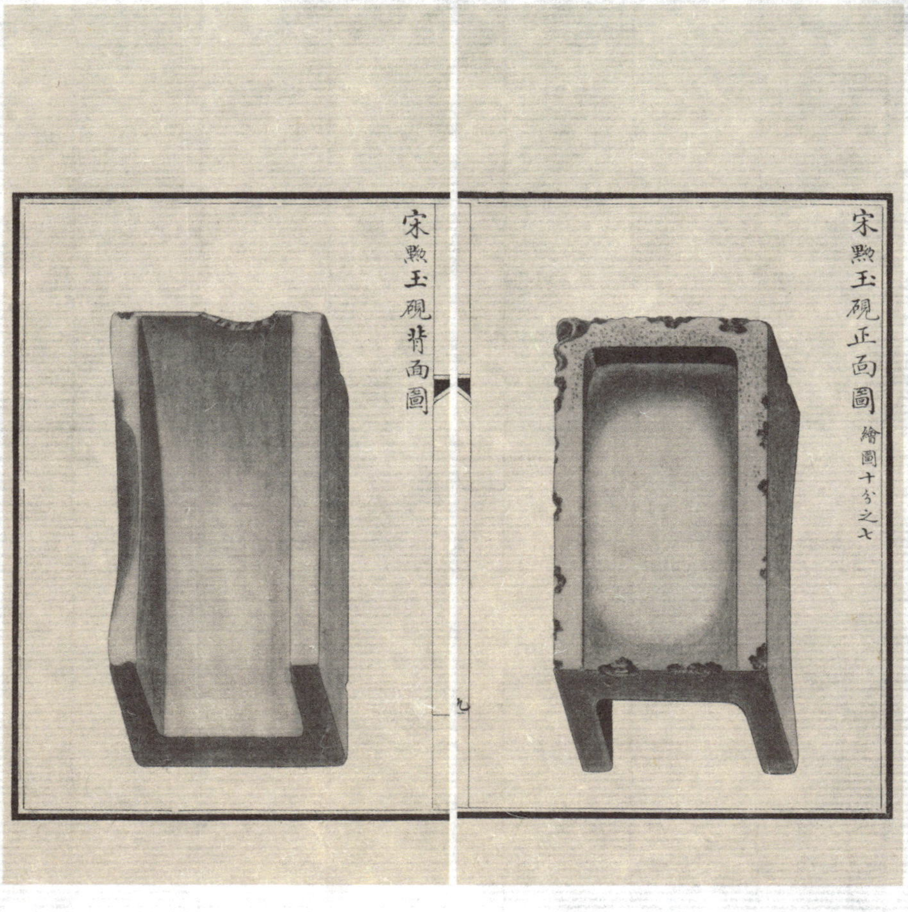
宋黝玉硯正面圖
繪圖十分之七
宋黝玉硯背面圖

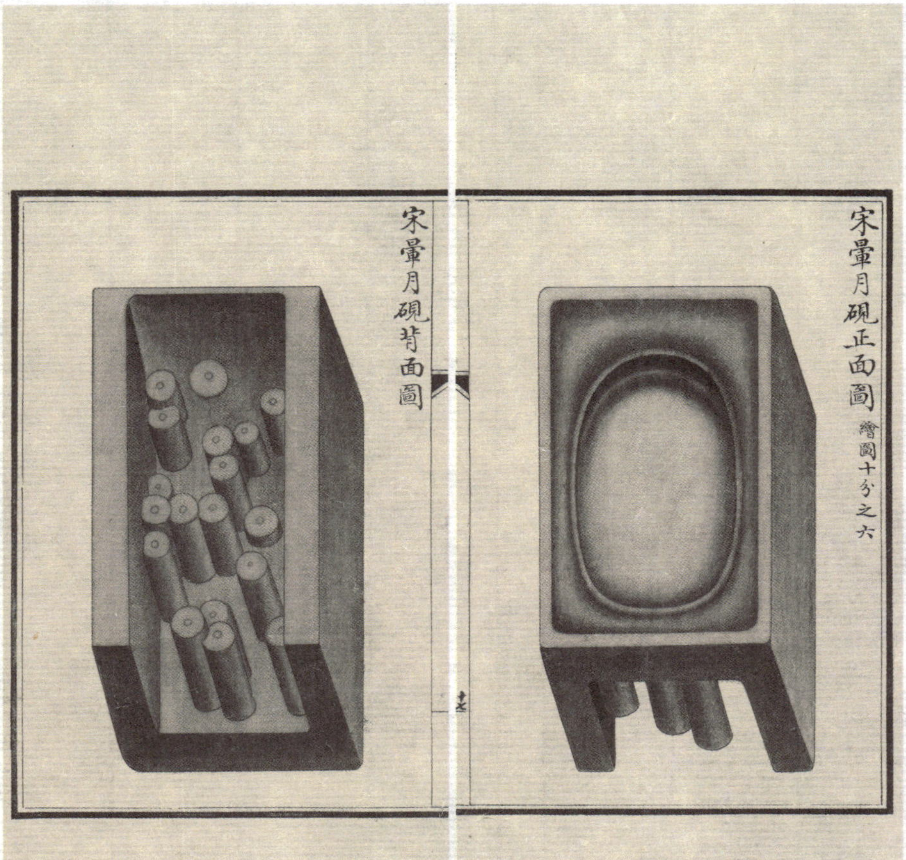
宋暈月硯正面圖
繪圖十分之六
宋暈月硯背面圖

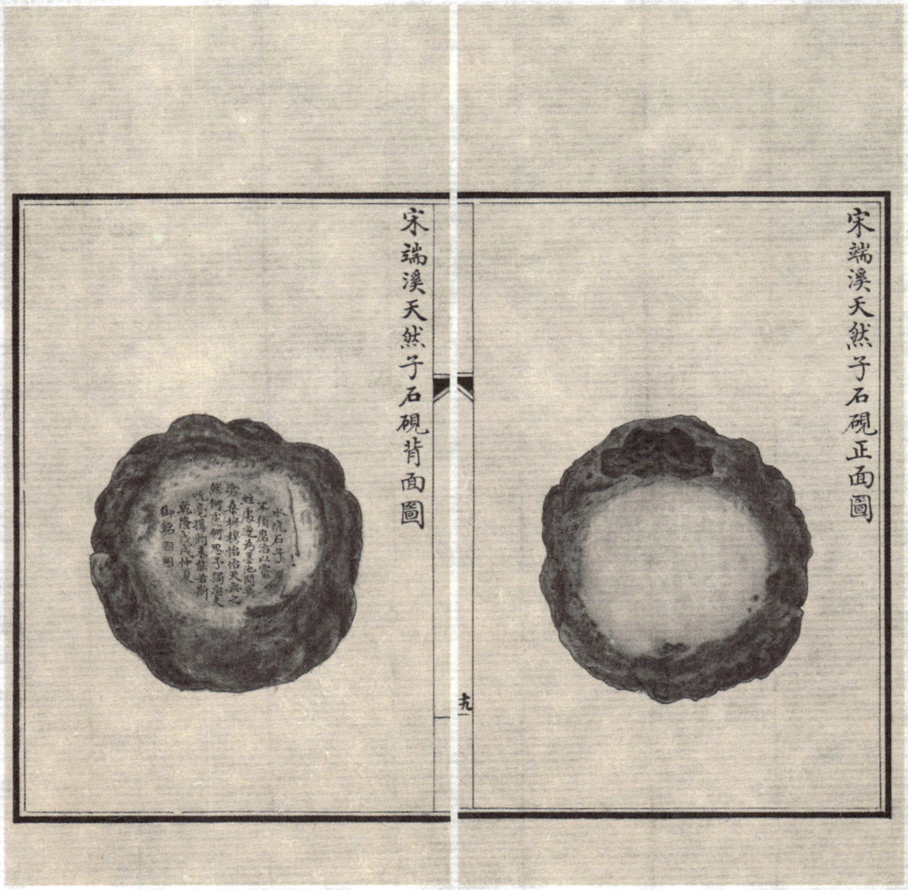
宋端溪天然子石硯正面圖

宋端溪天然子石硯背面圖

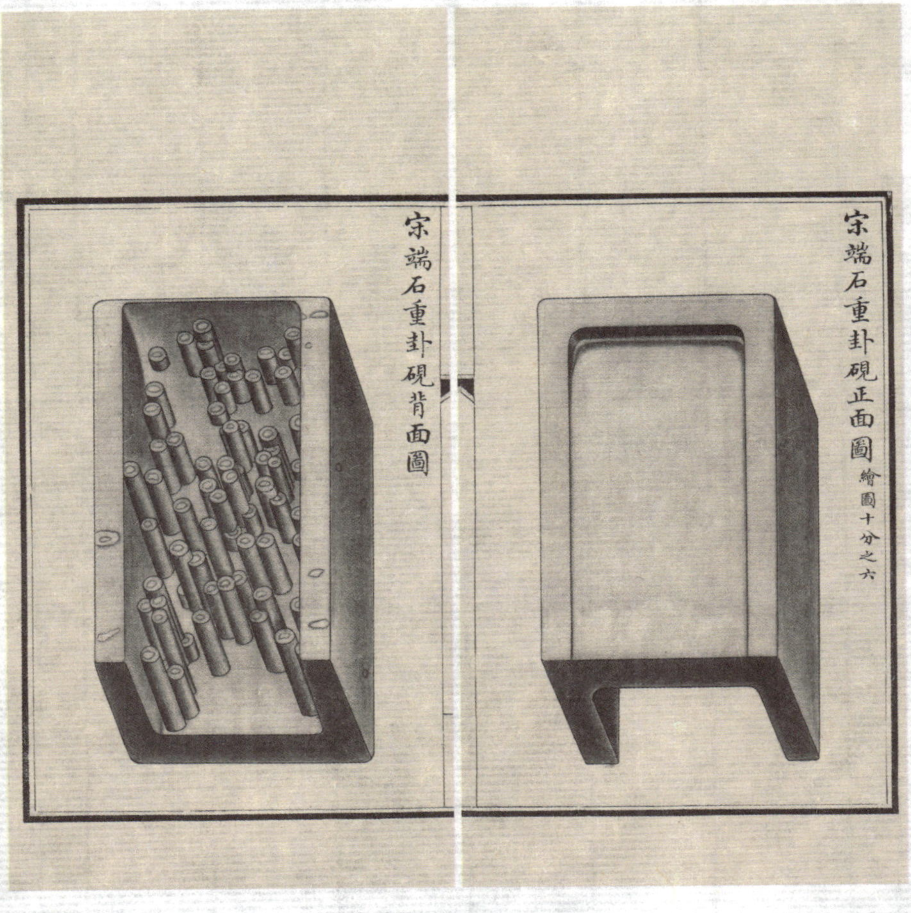
宋端石重卦硯正面圖
繪圖十分之六
宋端石重卦硯背面圖

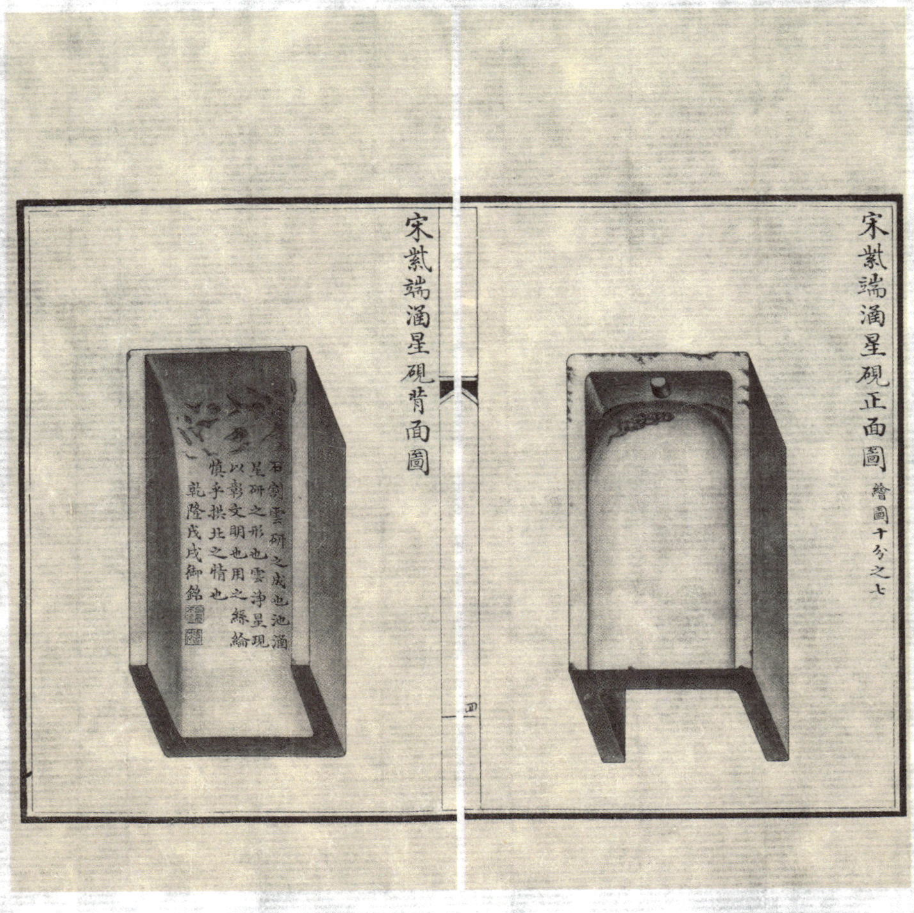
宋紫端涵星硯正面圖 繪圖十分之七

宋紫端涵星硯背面圖

石劃雲研之成也池涵
星研之形也雲淨星現
以彰文明也用之絲綸
慎乎拱北之情也
乾隆戊戌御銘

四

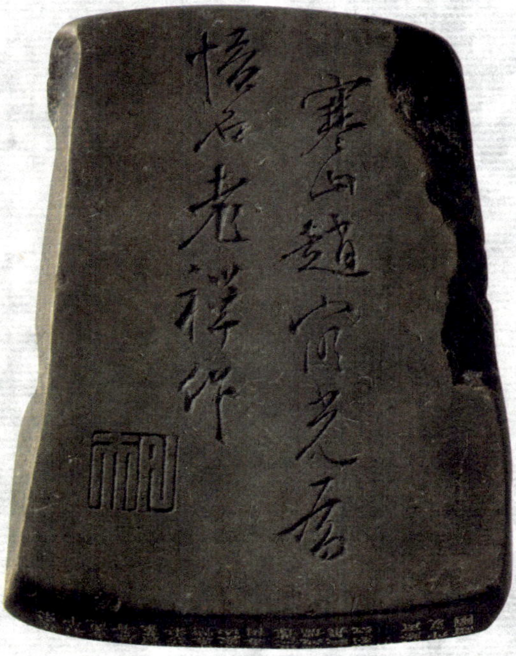
寒山趙宧光書
悟石老禪作

聽雨

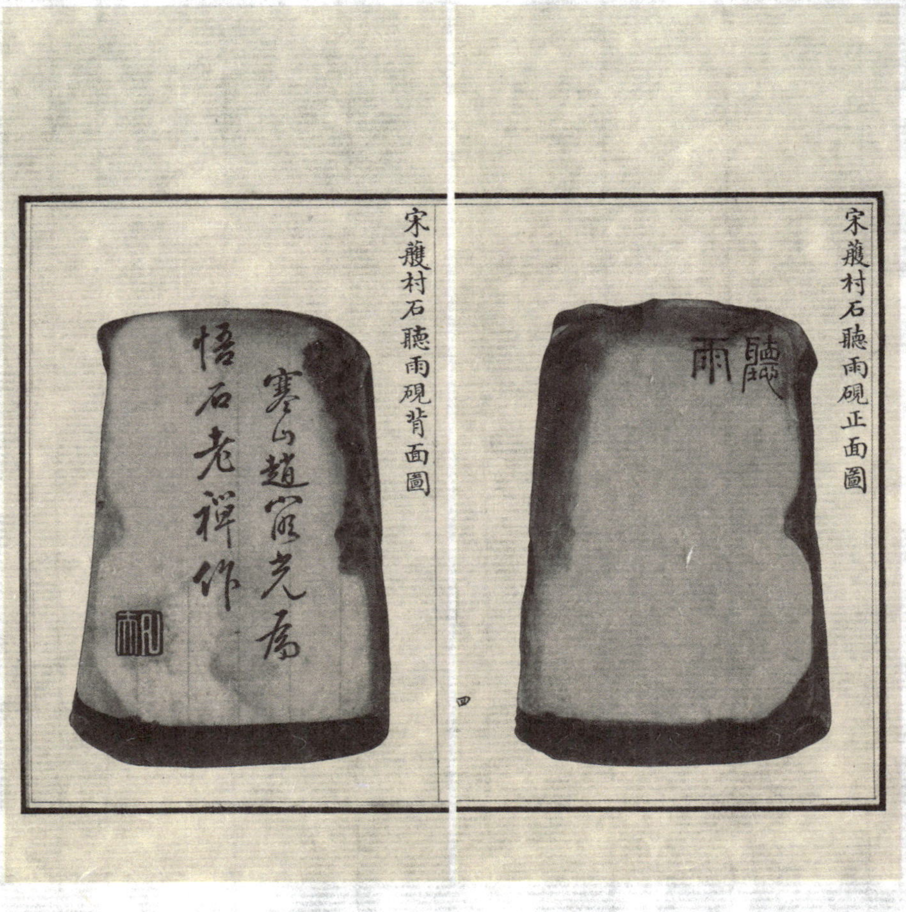
宋蒦村石聽雨硯正面圖
聽雨
宋蒦村石聽雨硯背面圖
寒山趙宧光書
悟石老禪作

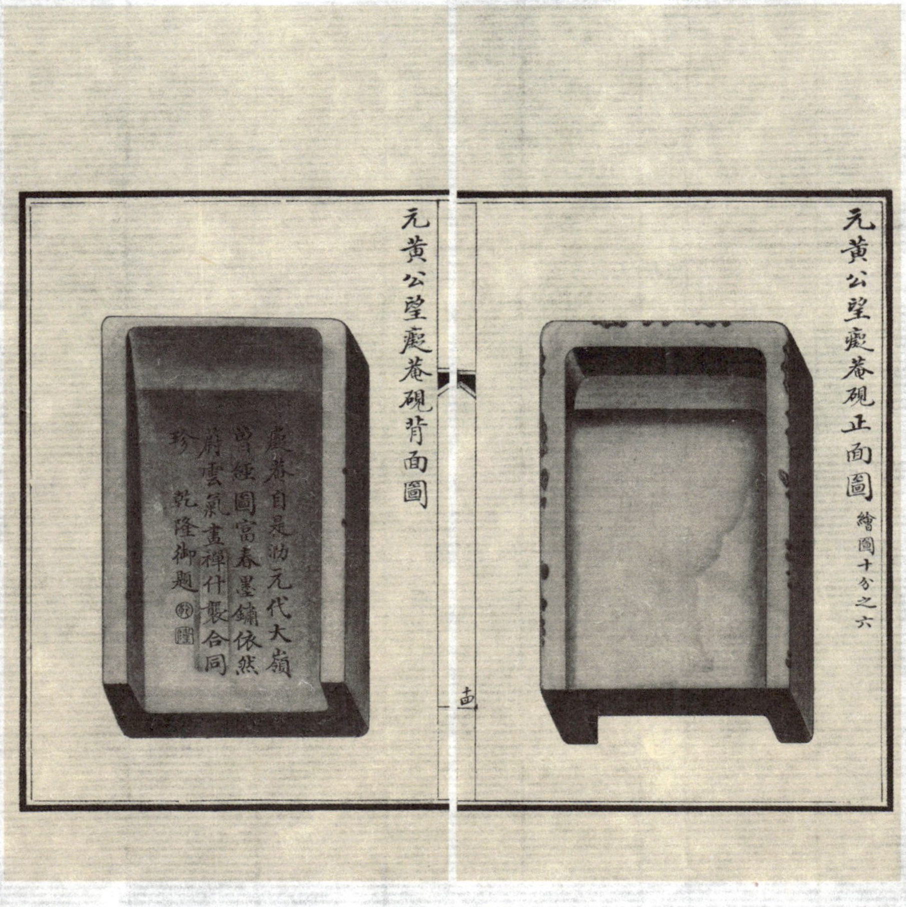
元黄公望癡菴硯正面圖
繪圖十分之六
元黄公望癡菴硯背面圖
癡菴自是渤元代大嶺
曾經圖富春墨鏽依然
屑雲氣畫禪什襲合同
珍
乾隆御題

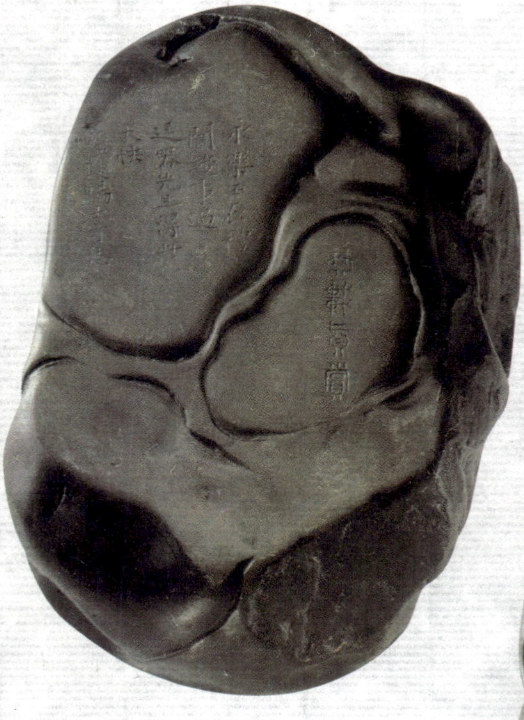

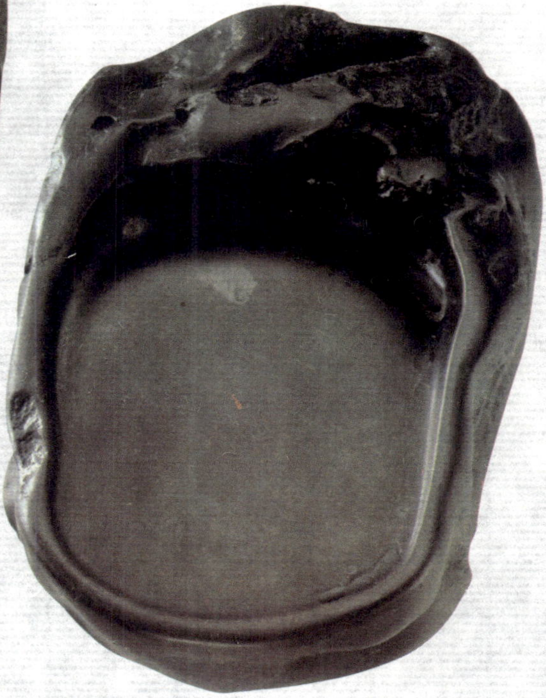

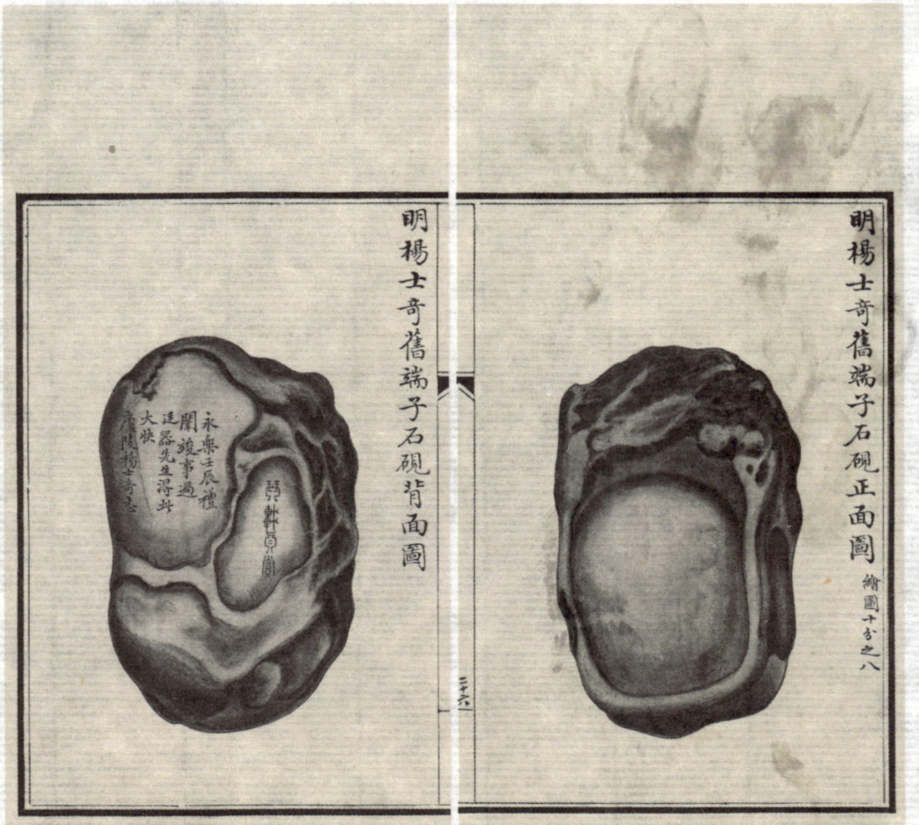

明楊士奇舊端子石硯正面圖

繪圖十分之八

明楊士奇舊端子石硯背面圖

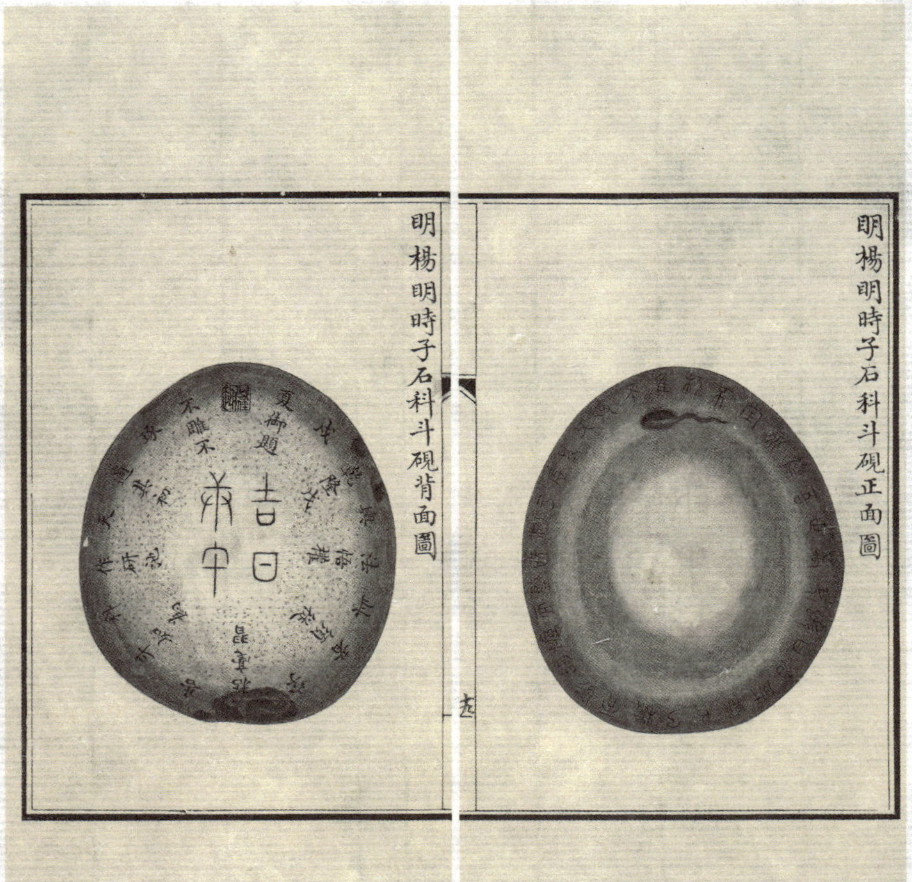
明楊明時子石科斗硯正面圖
明楊明時子石科斗硯背面圖

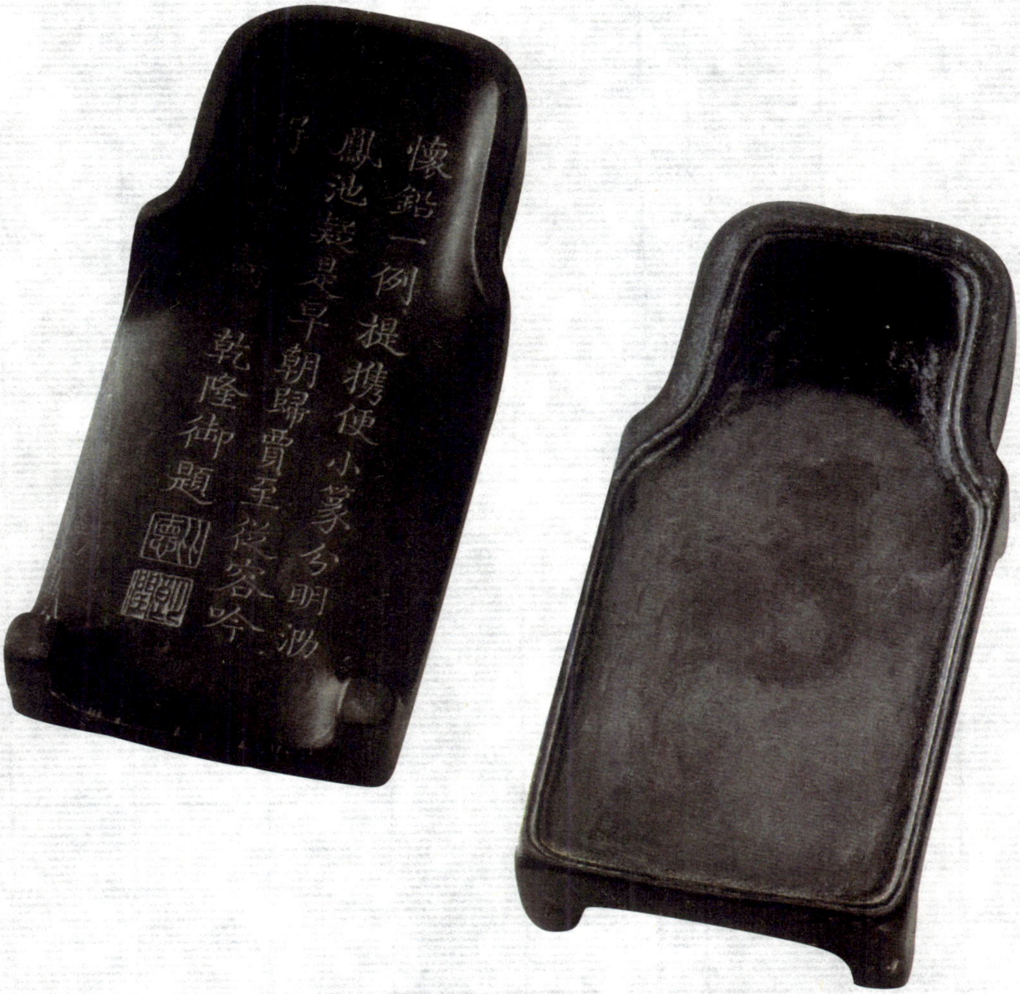

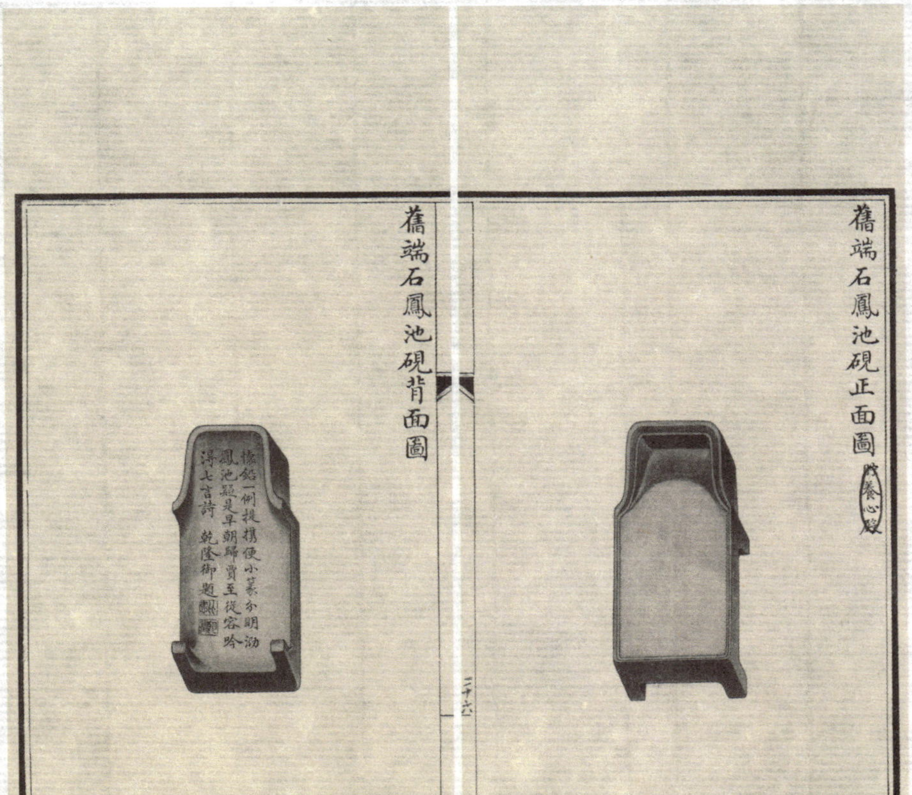
舊端石鳳池硯正面圖

二十六

舊端石鳳池硯背面圖

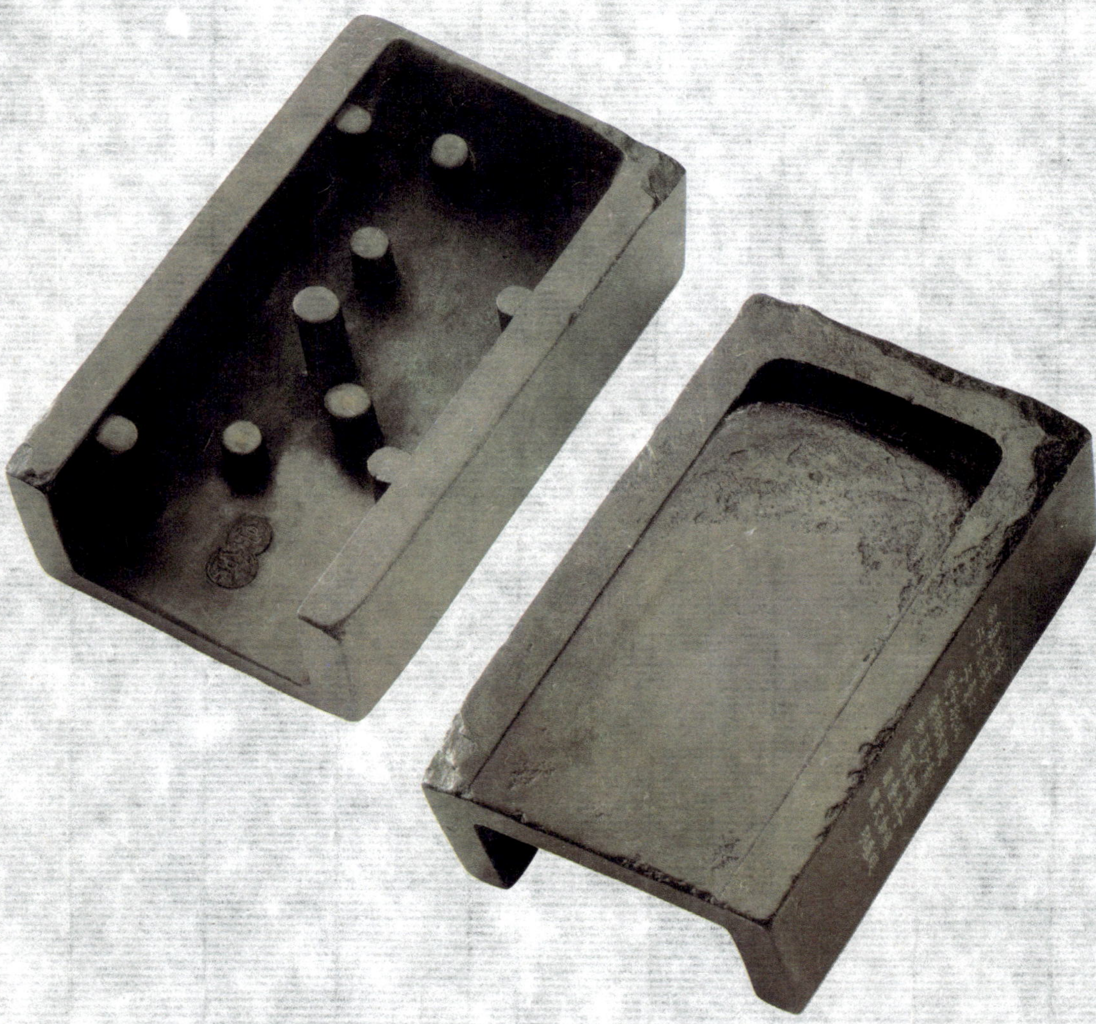

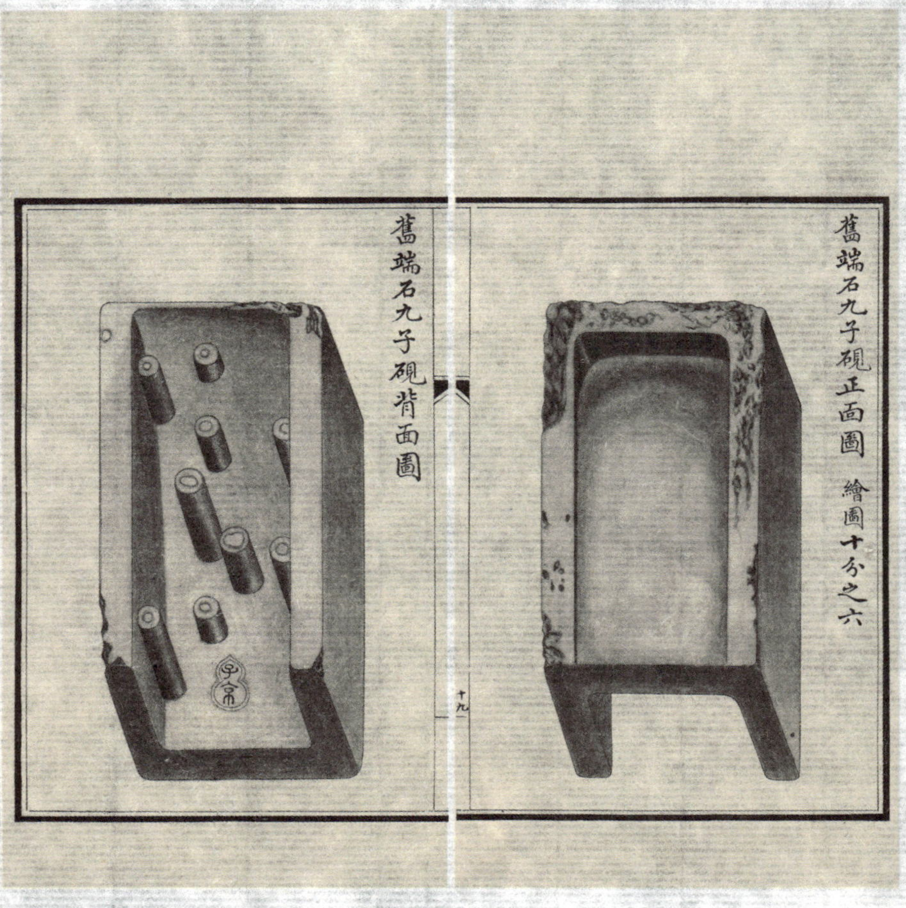
舊端石九子硯正面圖 繪圖十分之六
十九
舊端石九子硯背面圖

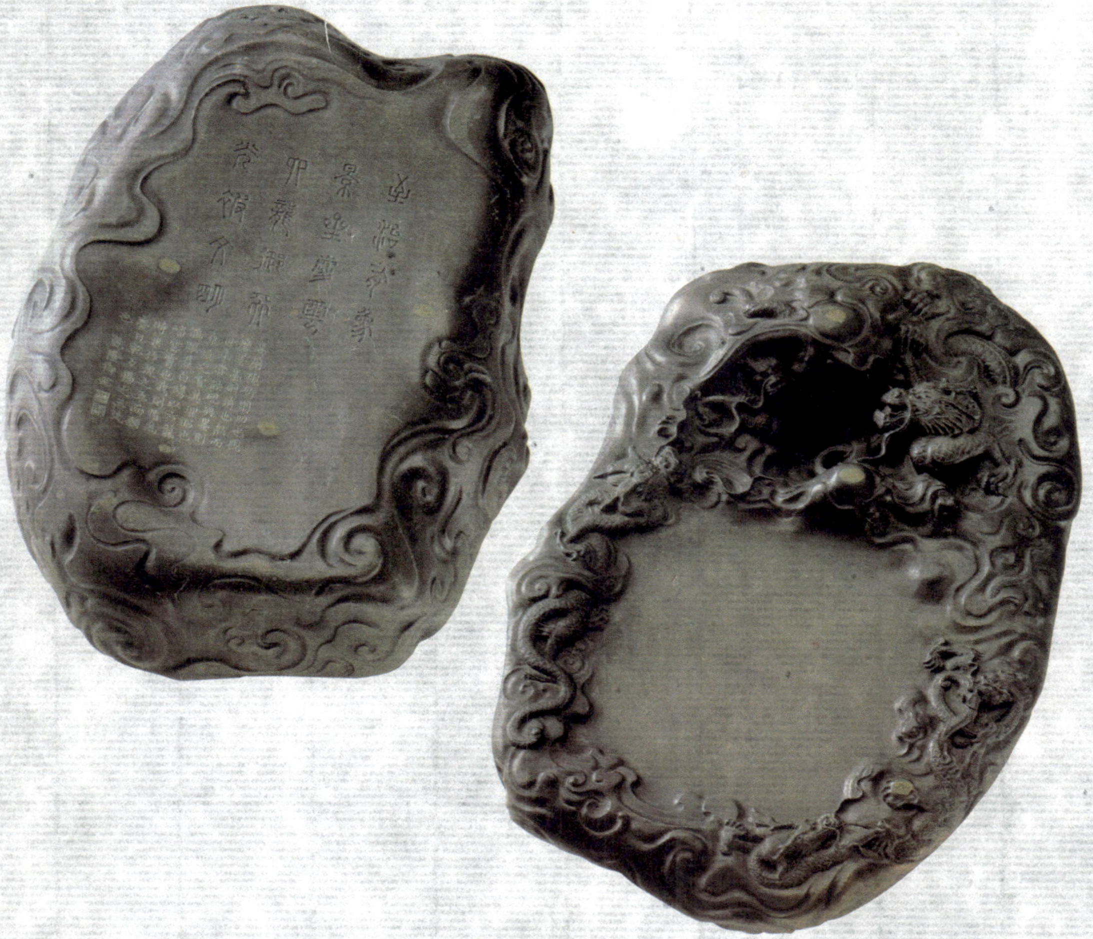

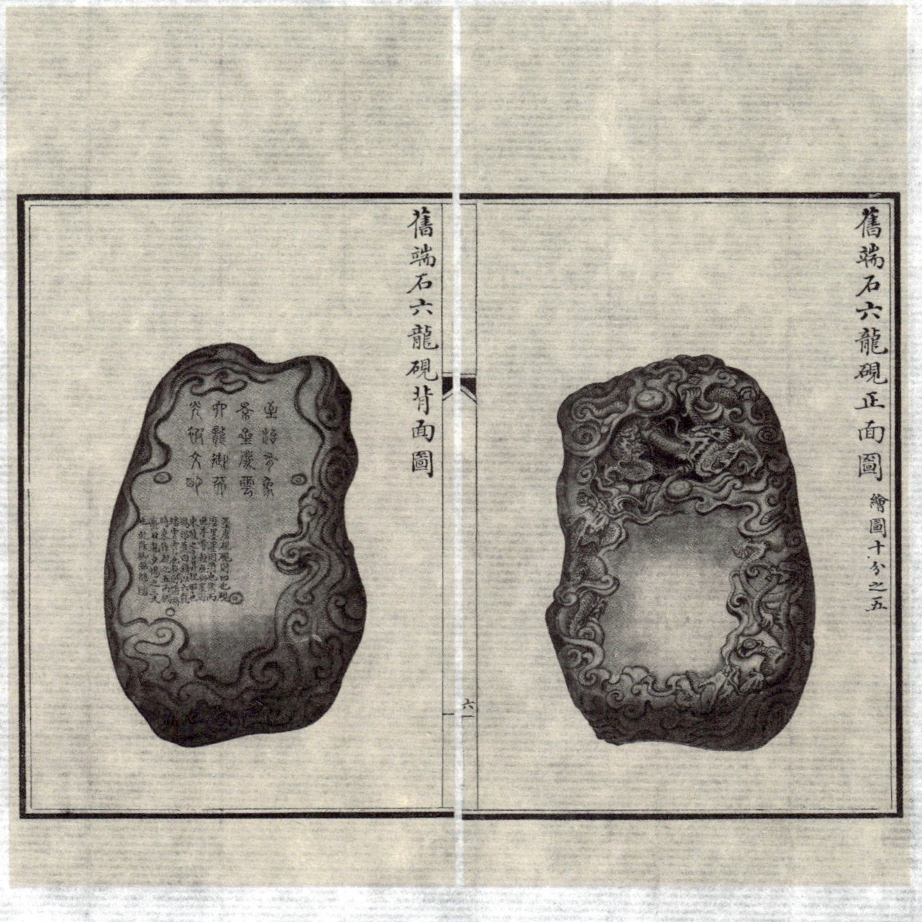
舊端石六龍硯正面圖 繪圖十分之五

舊端石六龍硯背面圖

六

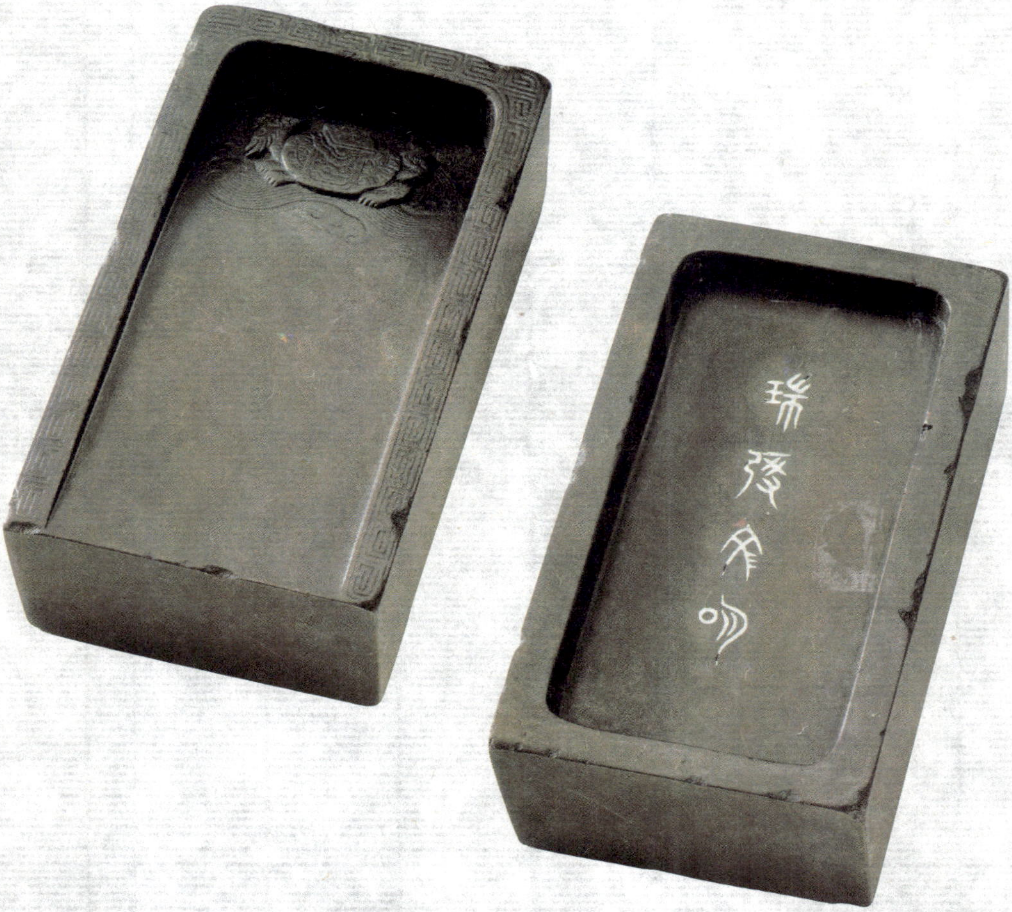

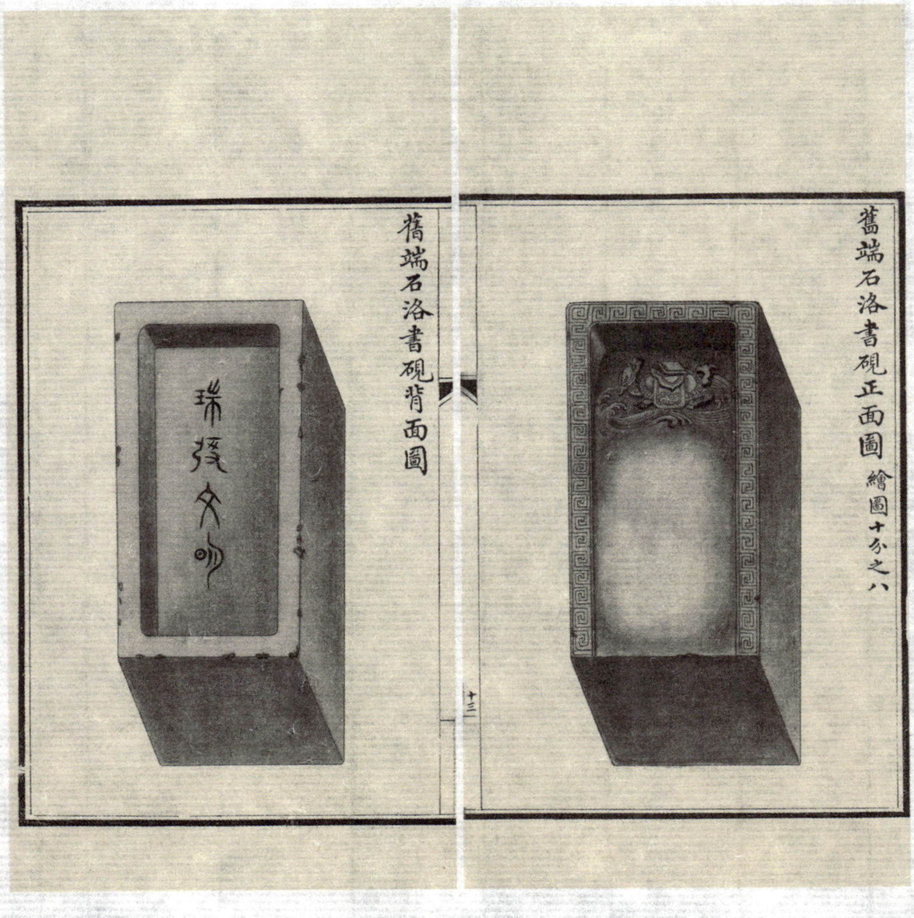
舊端石洛書硯正面圖 繪圖十分之八

舊端石洛書硯背面圖

十三

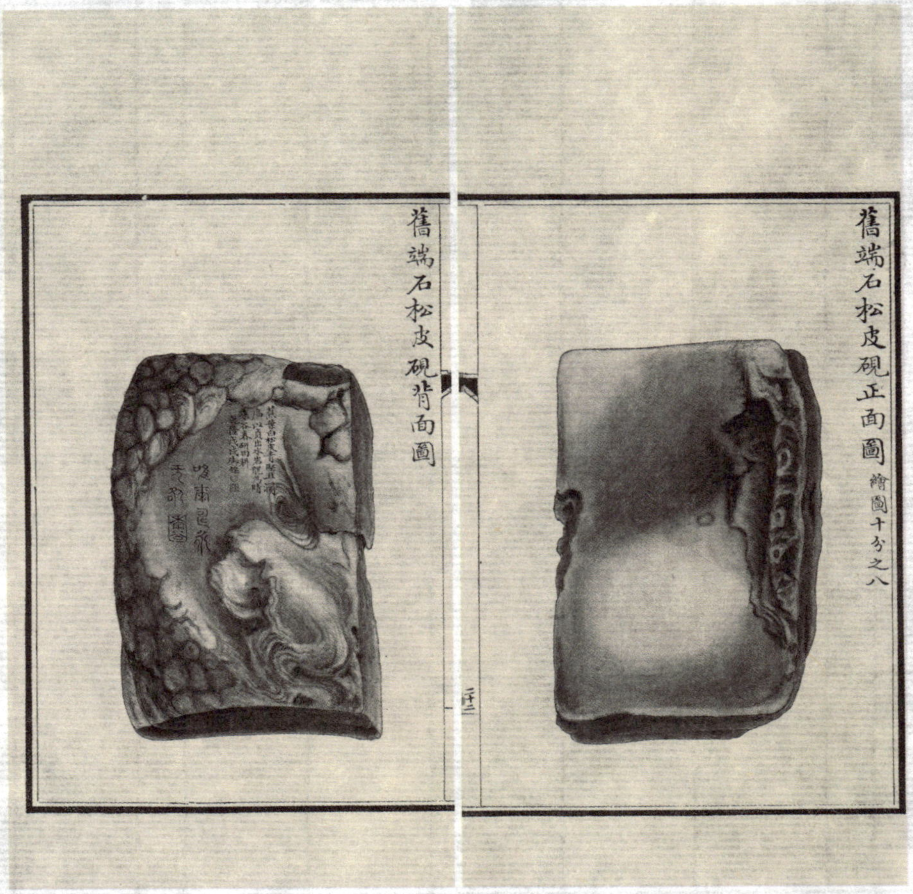
舊端石松皮硯正面圖
縮圖十分之八
舊端石松皮硯背面圖

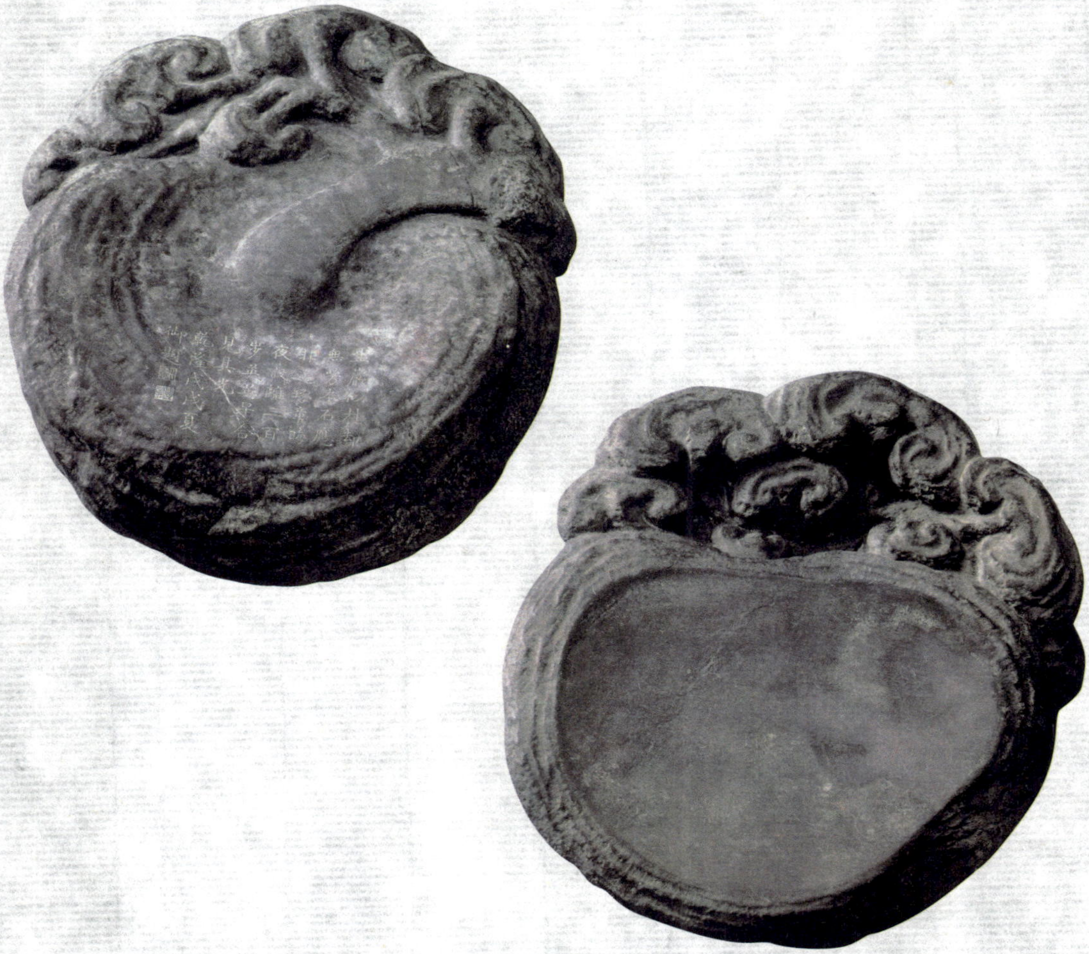

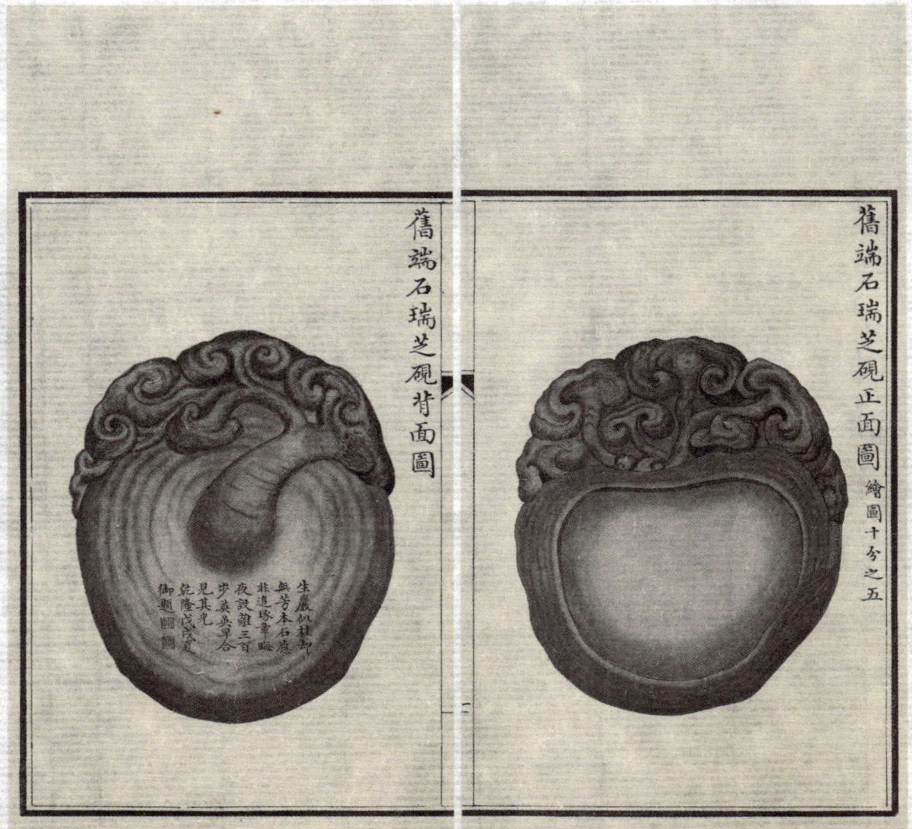
舊端石瑞芝硯背面圖
生巖似杜却
無芳本石質
非追琢章略
夜設謝三百
步英英早合
見其光
乾隆戊戌夏
御題
舊端石瑞芝硯正面圖
繪圖十分之五

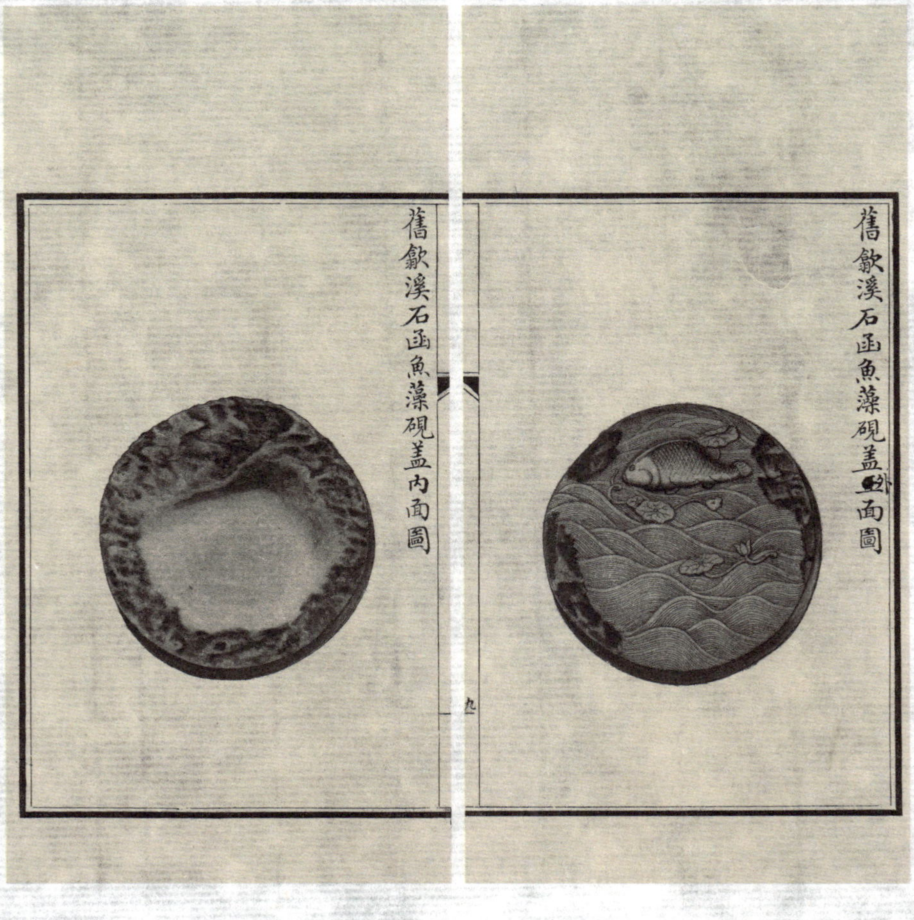
舊歙溪石函魚藻硯盖外面圖

九

舊歙溪石函魚藻硯盖内面圖

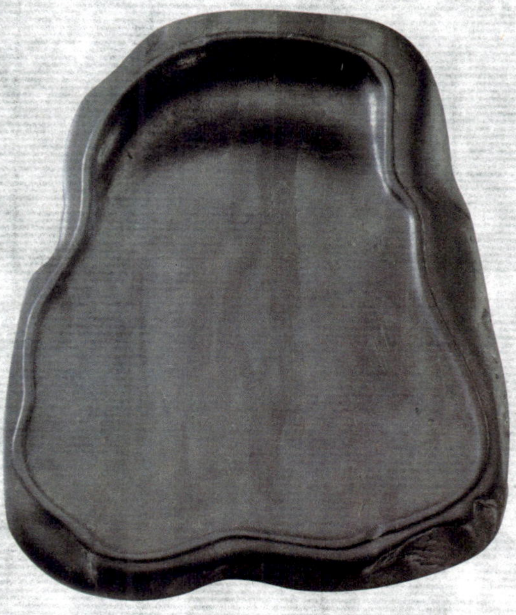

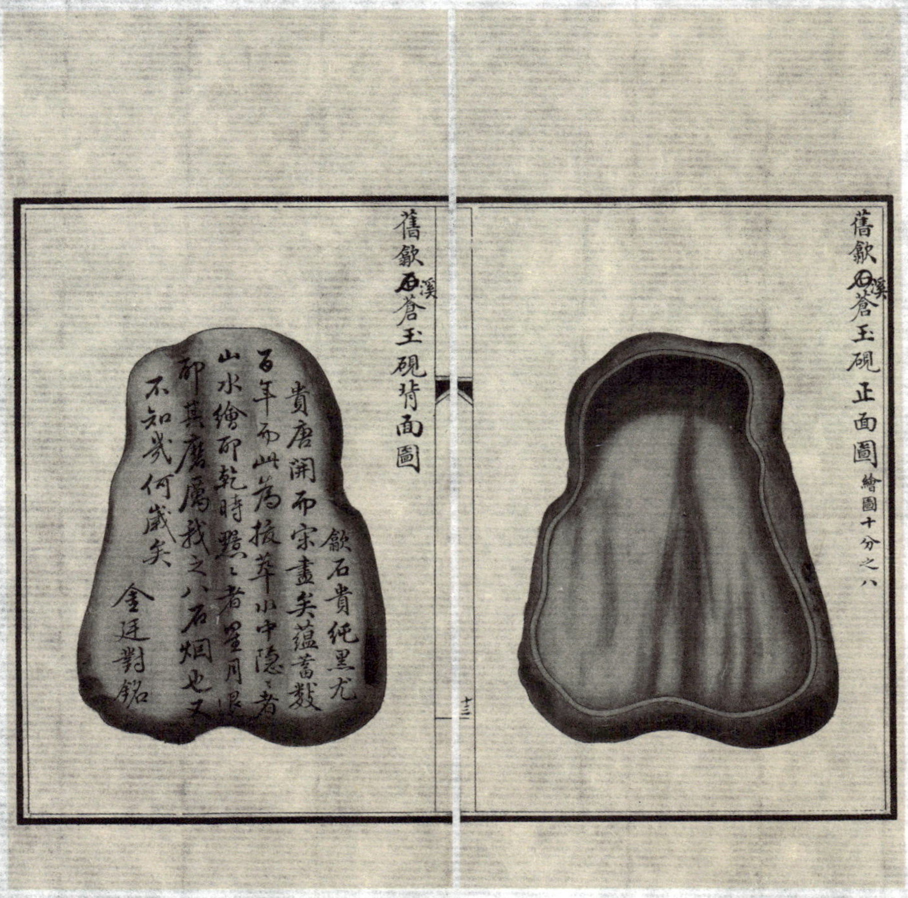

舊歙溪蒼玉硯正面圖 繪圖十分之八

十三

舊歙溪蒼玉硯背面圖

歙石貴純黑尤
貴唐開而宋畫矣蘊蓄數
百年而此爲拔萃水中隱隱者
山水繪耶乾時點點者星月退
耶其亦唐厲我之八石烟也又
不知幾何歲矣
金廷對銘

壽古而質潤色綠而
聲清起墨益毫故其
寶也

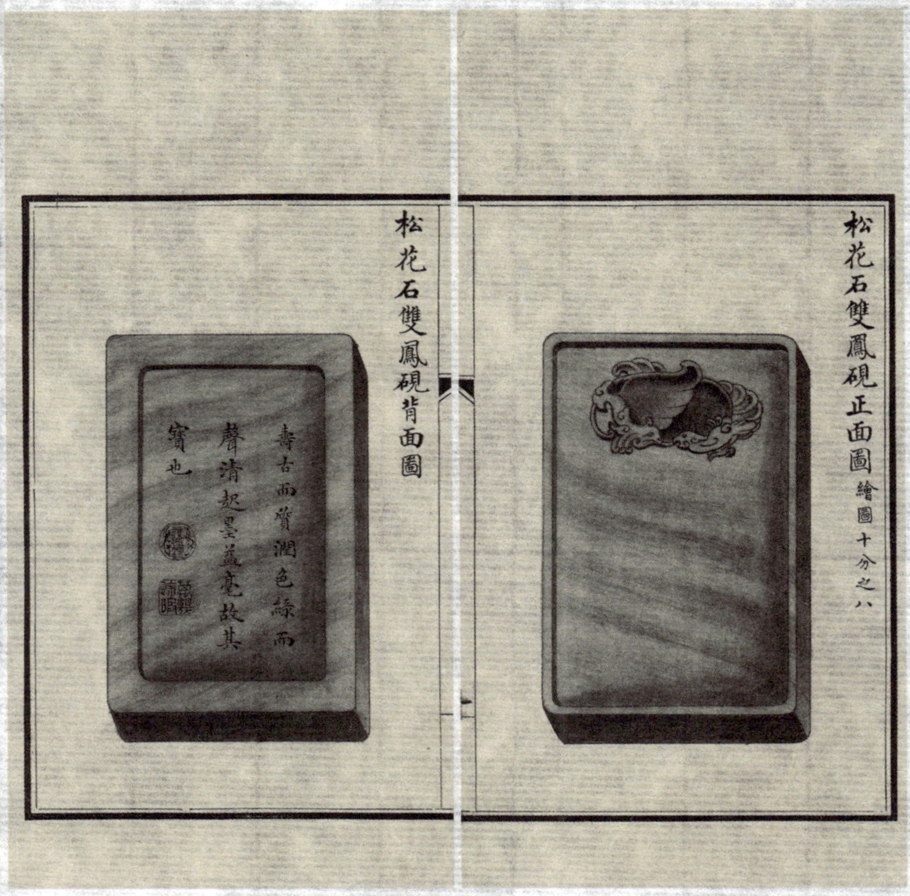
松花石雙鳳硯正面圖 繪圖十分之八
松花石雙鳳硯背面圖
壽古而質潤色綠而
聲清起墨益毫故其
寶也

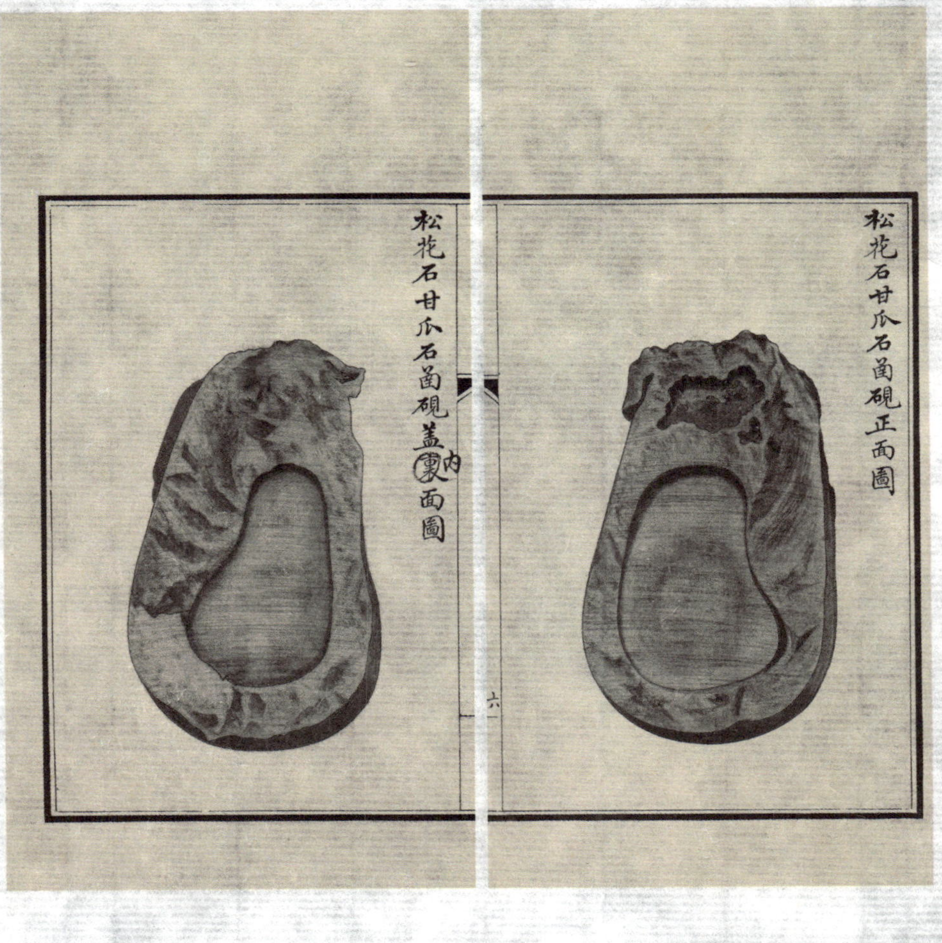
松花石甘瓜石函硯正面圖
松花石甘瓜石函硯蓋內裏面圖
六

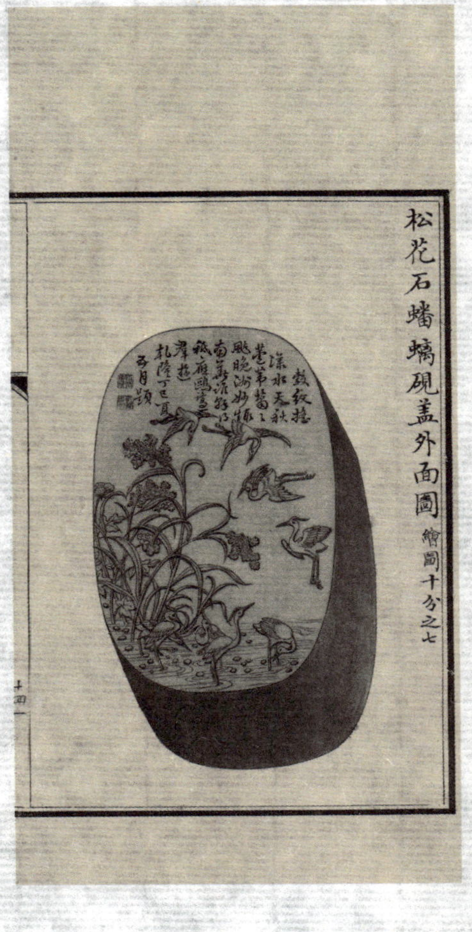

松花石蟠螭硯蓋外面圖

繪圖十分之七

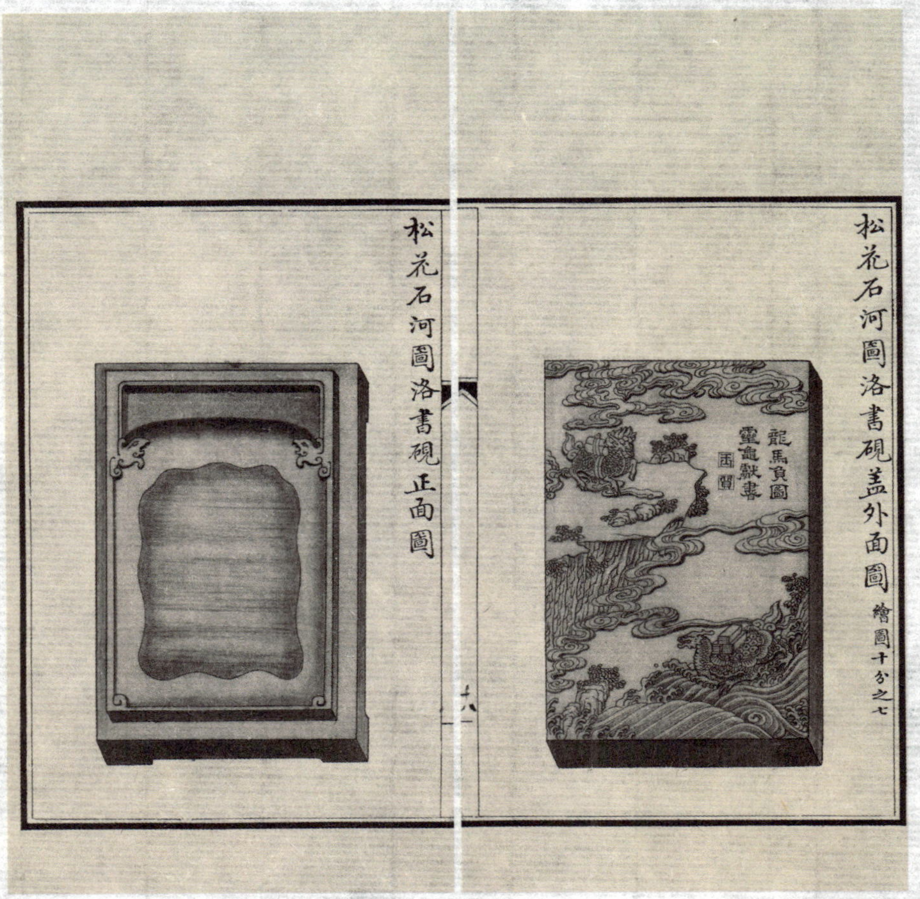
松花石河圖洛書硯盖外面圖 繪圖十分之七

松花石河圖洛書硯正面圖

絳縣得材偶倣古
餘製二硯硯匣貯
臨池五合之一助
逮憶蘇言意則憮
乾隆丙申御銘

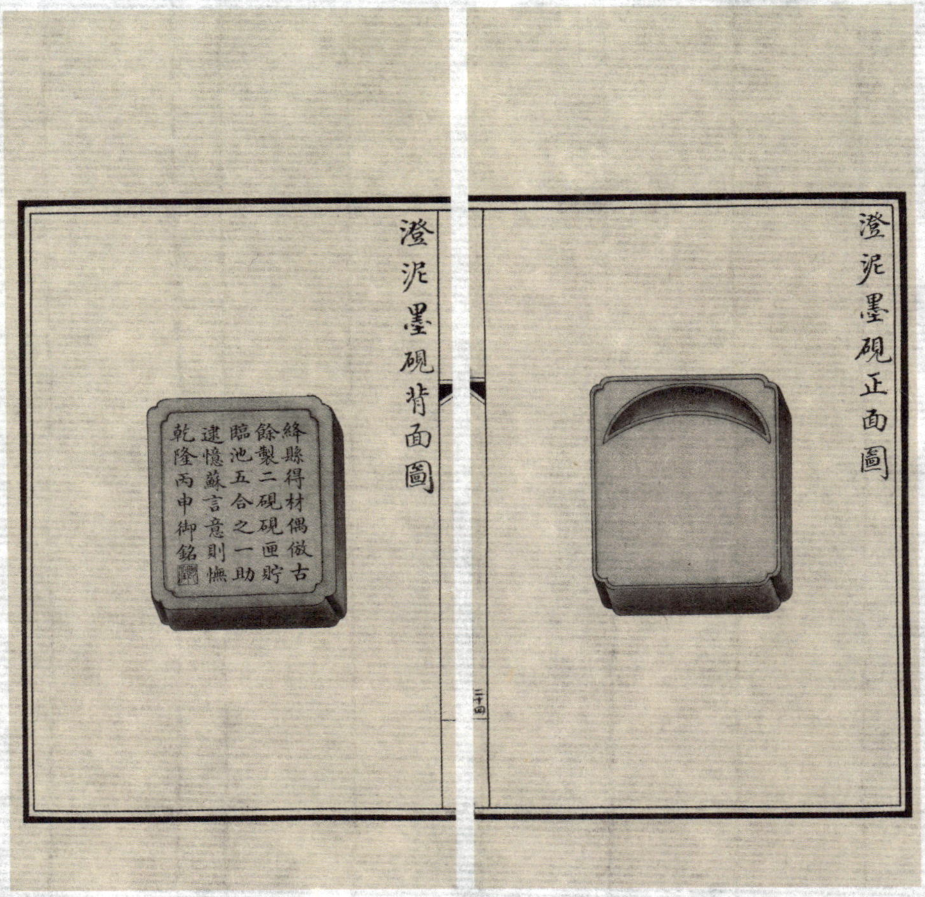
澄泥墨硯正面圖
澄泥墨硯背面圖
絳縣得材偶倣古
餘製二硯硯匣貯
臨池五合之一助
逮憶蘇言意則憮
乾隆丙申御銘

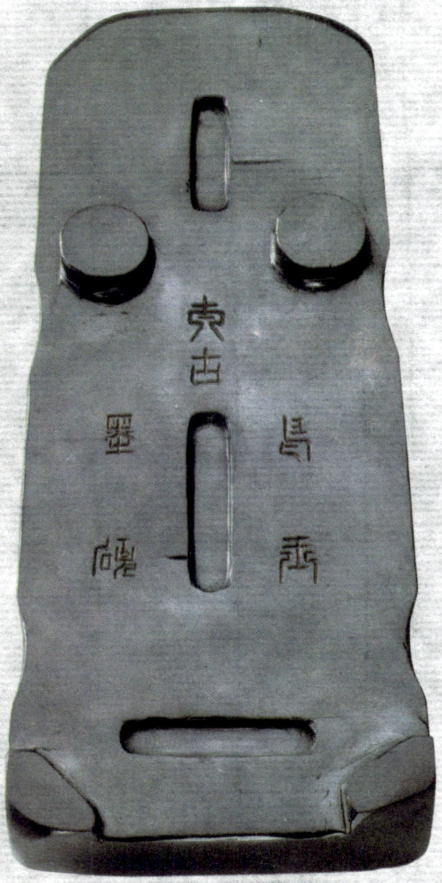

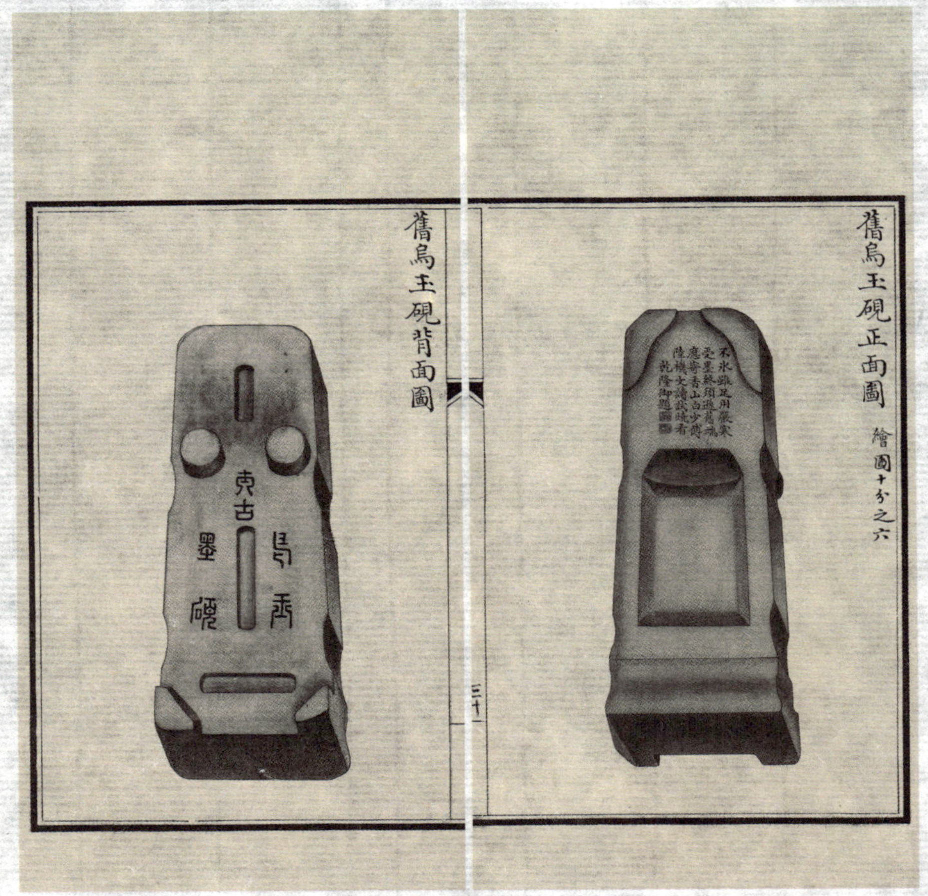
舊烏玉硯背面圖
三十一
舊烏玉硯正面圖
繪圖十分之六

仿唐菱鏡硯
菱花專瓣肖厥鏡形
匪銅玻璨石出歙阬
唐有此製師古用成
惕厥鑑以自照詎曰
摛文是寶
乾隆乙未御題

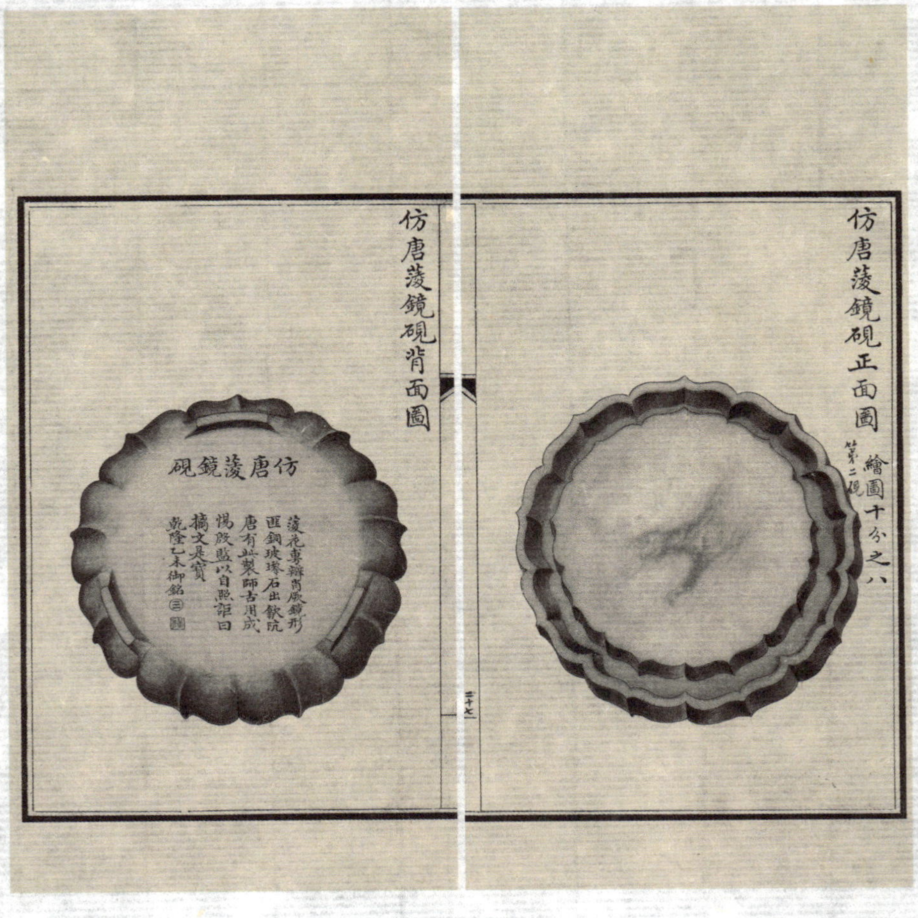
仿唐菱鏡硯正面圖
第二硯
繪圖十分之八
三十七
仿唐菱鏡硯背面圖
仿唐菱鏡硯
菱花專瓣肖厥鏡形
匪銅玻璨石出歙阬
唐有此製師古用成
惕厥鑑以自照詎曰
摛文是寶
乾隆乙未御銘

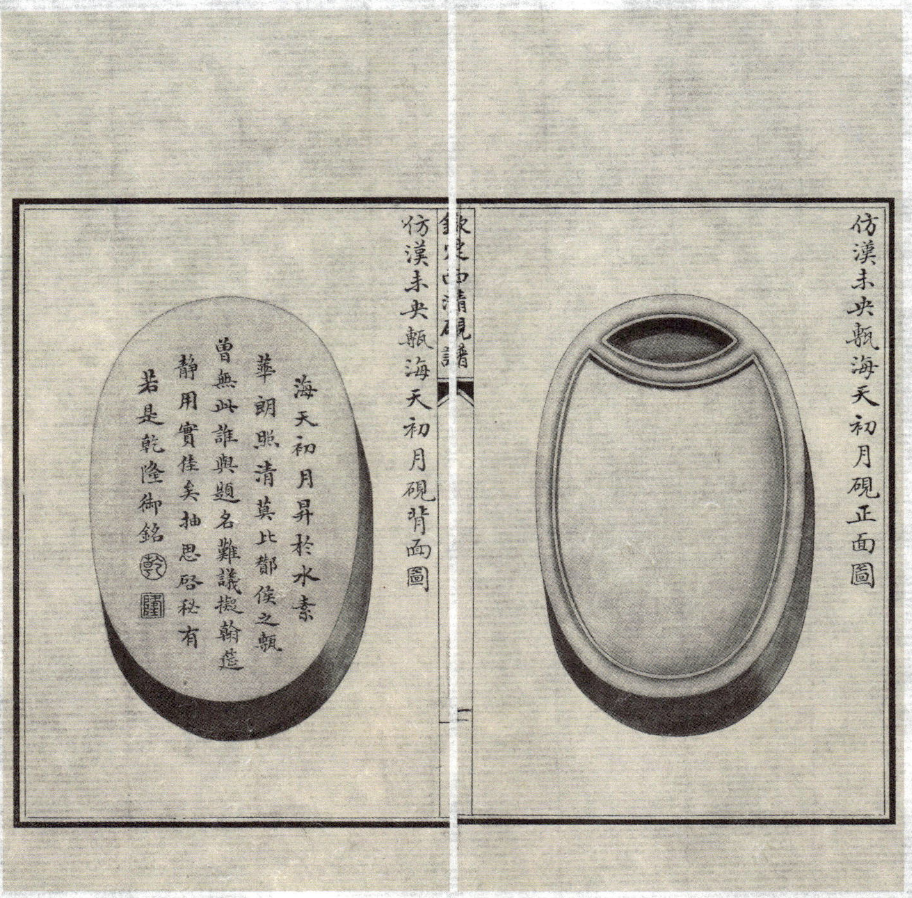

仿漢未央瓴海天初月硯正面圖

欽定西清硯譜

仿漢未央瓴海天初月硯背面圖

四維四隅是曰八
方辟水環之圓於
中央内外各具深
義澄泥式倣乎唐
此則端溪出舊院
乾隆御銘

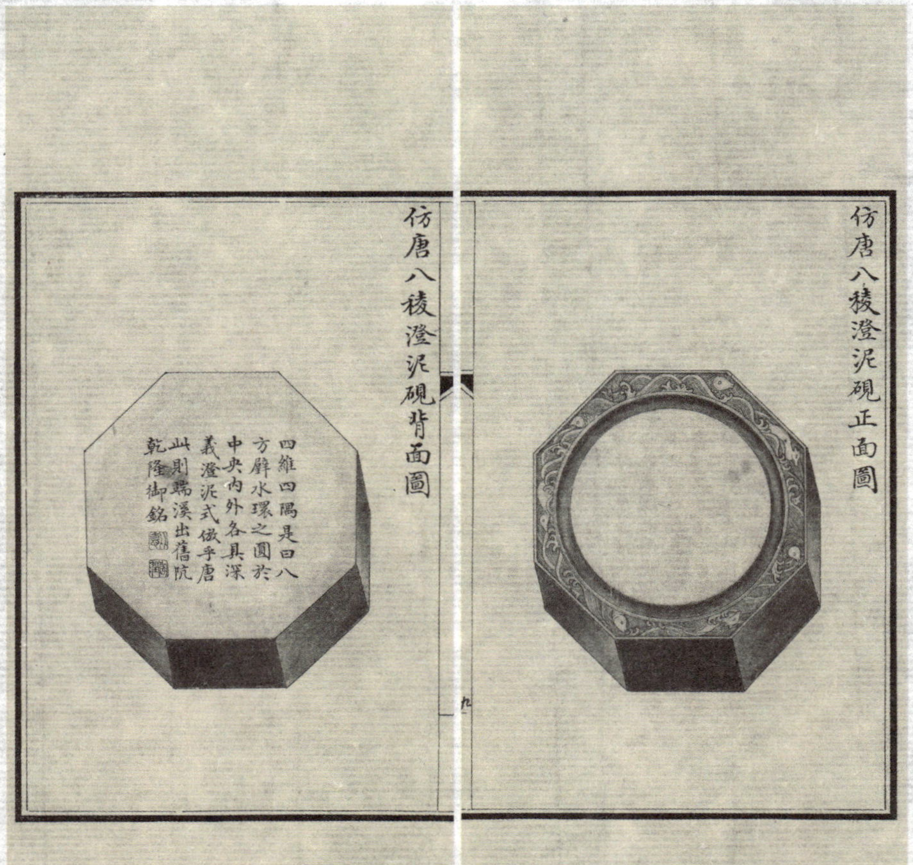
仿唐八稜澄泥硯正面圖
仿唐八稜澄泥硯背面圖
四維四隅是曰八
方辟水環之圓於
中央内外各具深
義澄泥式倣乎唐
此則端溪出舊院
乾隆御銘

硯研理犀通靈純蒼玉
質爲餅形數其典兮德
壽興我懷兮守口
乾隆御銘

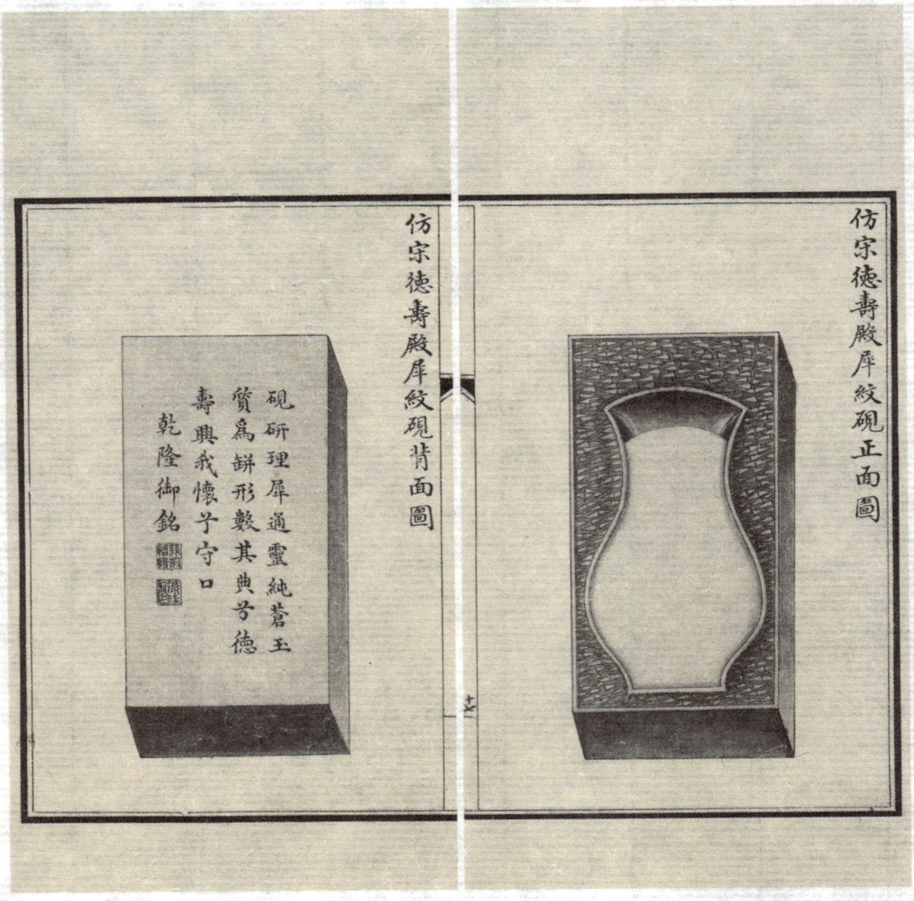
仿宋德壽殿犀紋硯正面圖
仿宋德壽殿犀紋硯背面圖
硯研理犀通靈純蒼玉
質爲餅形數其典兮德
壽興我懷兮守口
乾隆御銘

未央之瓴海天之月泥豈
異其埏埴硯自永其圓缺
合而為研滴露芳辭詠希
逸兮賦句發清興以無歌
乾隆戊戌仲夏御銘

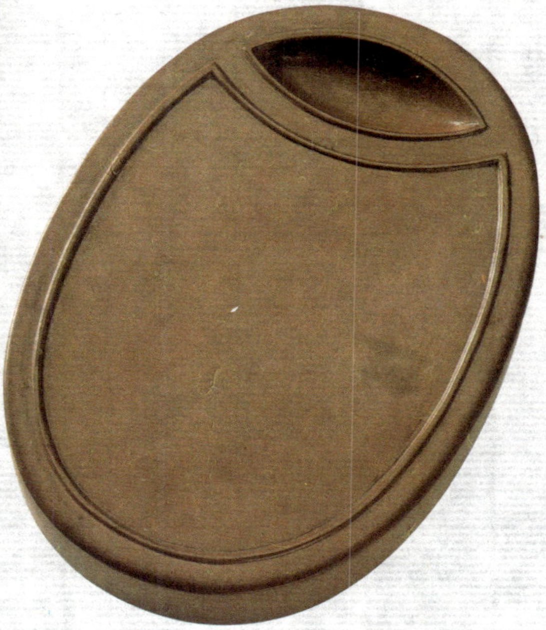

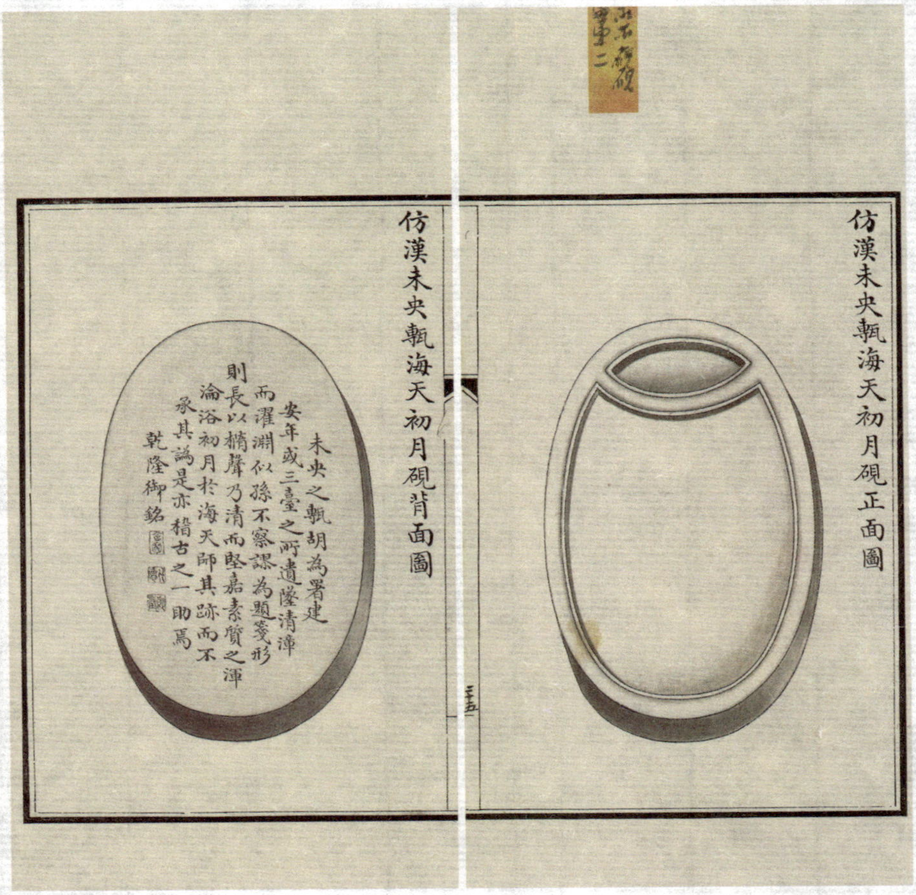
仿漢未央瓴海天初月硯正面圖
仿漢未央瓴海天初月硯背面圖
未央之瓴胡為署建
安年或三臺之所遺隆清渾
而濯淵似孫不察謬為題箋形
則長以橢臂乃清而堅嘉素質之渾
淪浴初月於海天師其跡而不
承其譌是亦稽古之一助焉
乾隆御銘

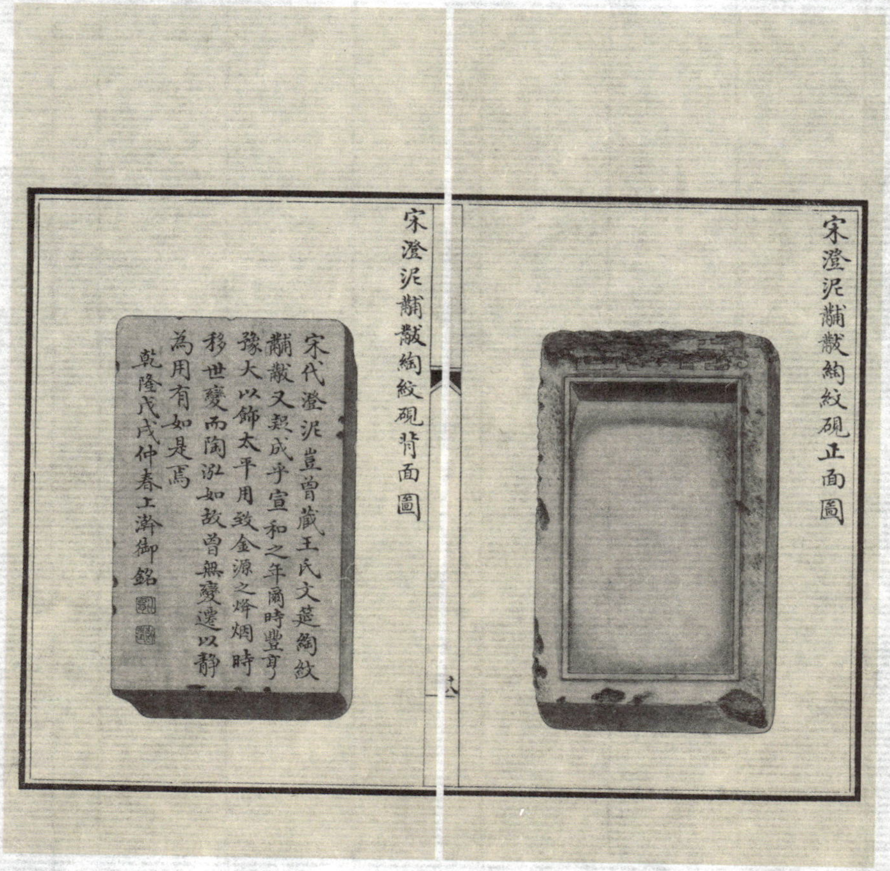
宋澄泥黼黻絢紋硯正面圖

宋澄泥黼黻絢紋硯背面圖

宋代澄泥豈曾藏王氏文莛絢紋黼黻又契成乎宣和之年爾時豐亨豫大以飾太平用致金源之烽烟時移世變而陶泓如故曾無變遷以靜為用有如是焉

乾隆戊戌仲春上澣御銘

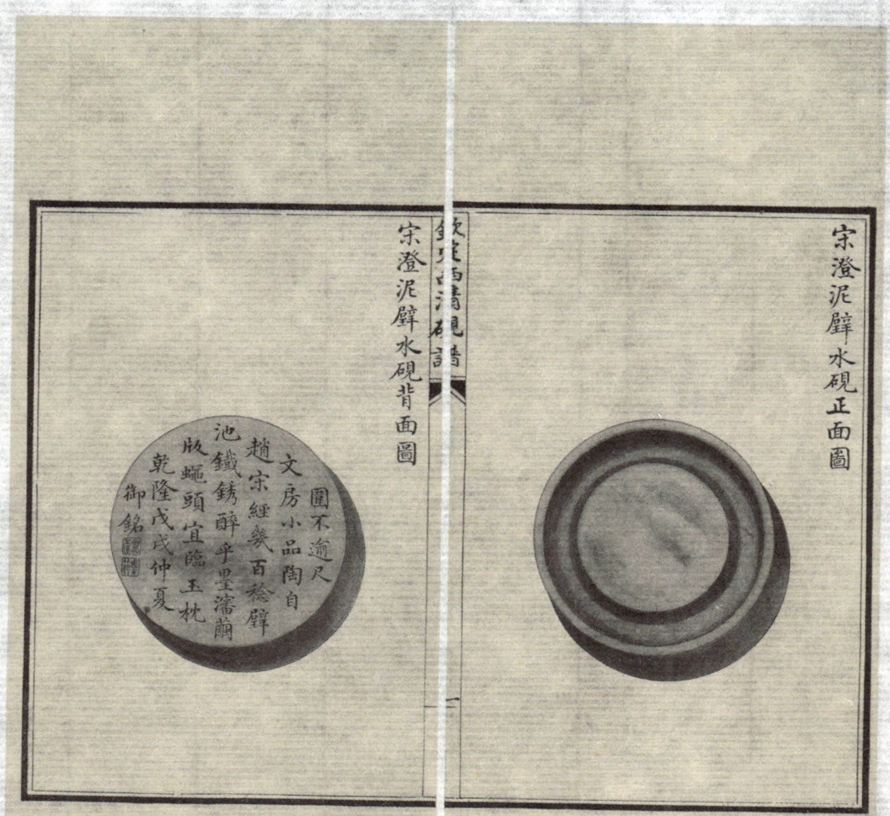
欽定西清硯譜

宋澄泥辟水硯正面圖

宋澄泥辟水硯背面圖

圜不逾尺
文房小品陶自
趙宋經幾百稔辟
池鐵銹醉乎墨瀋繭
版蠅頭宜臨玉枕
乾隆戊戌仲夏
御銘

宋澄泥蟠夔石渠硯正面圖
繪圖十分之六

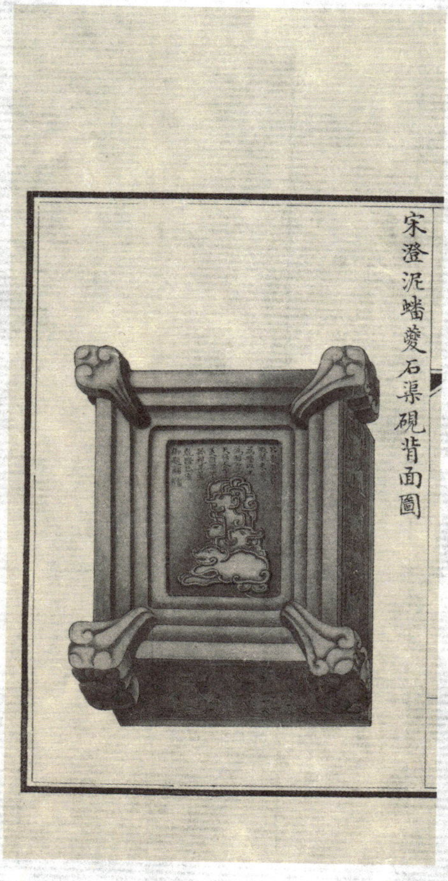
宋澄泥蟠夔石渠硯背面圖

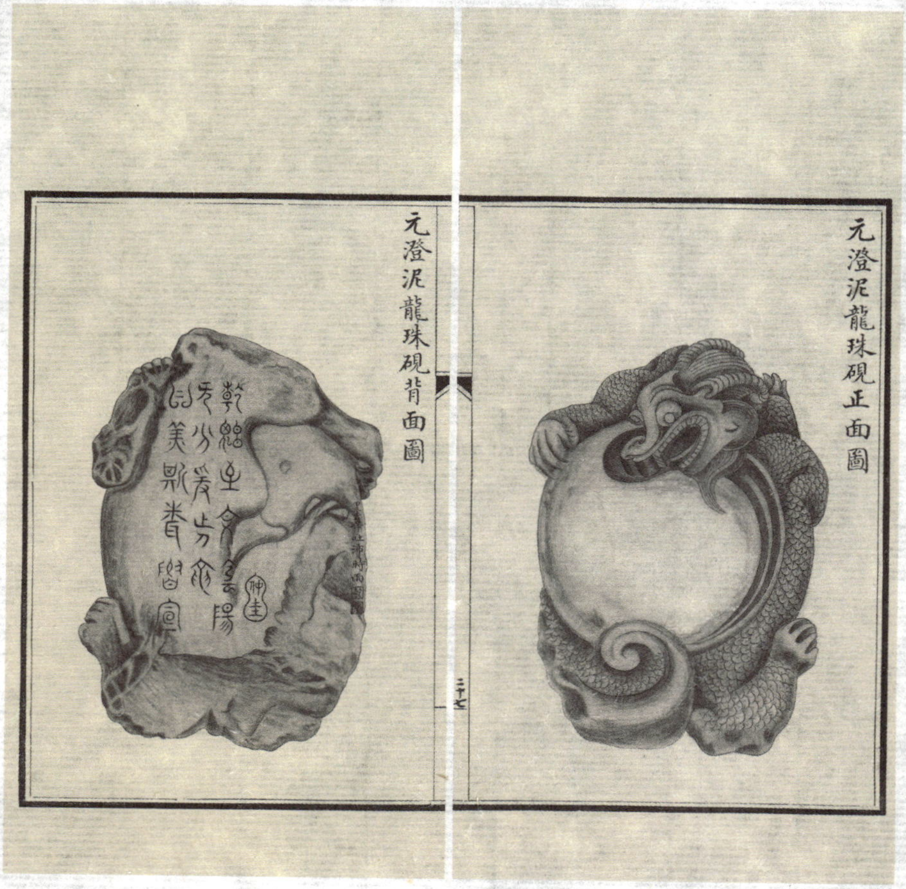
元澄泥龍珠硯正面圖

元澄泥龍珠硯背面圖

二十七

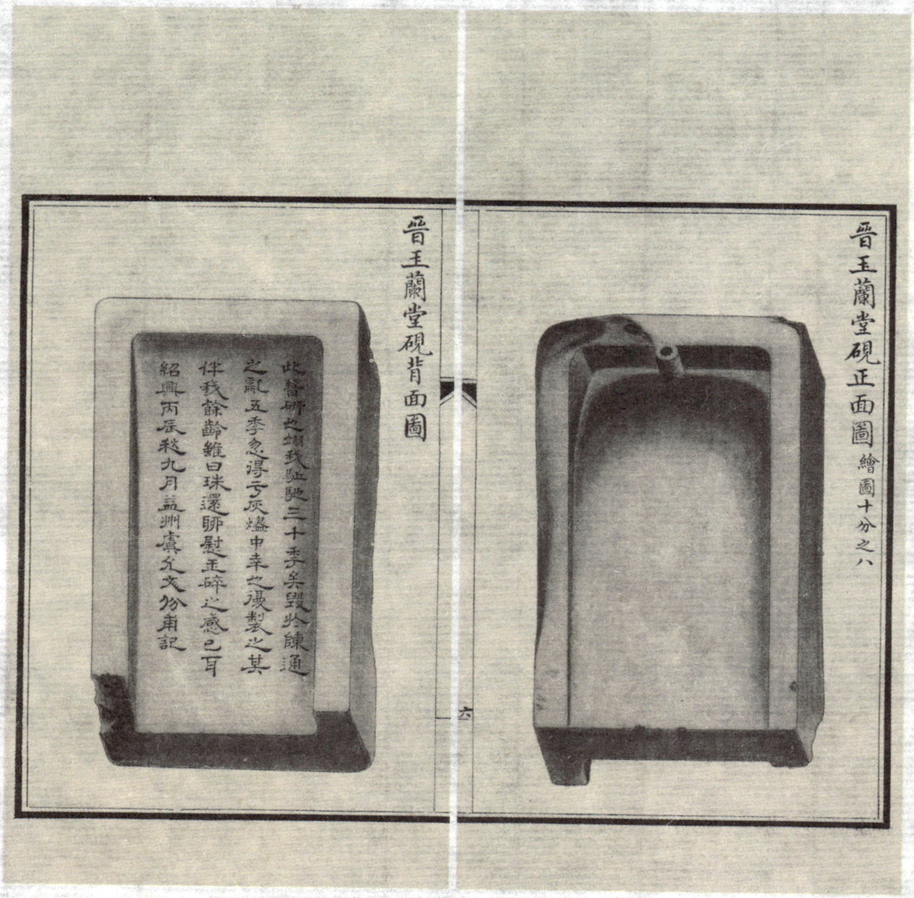

晉王蘭堂硯正面圖 繪圖十分之八

晉王蘭堂硯背面圖

此晉研也從我馳驅三十季矣毀於靖通
之亂五季忽得于灰燼中幸也復製之其
伴我餘齡雖曰珠還聊慰玉碎之感已耳
紹興丙辰秋九月益州虞允文彬甫記

六

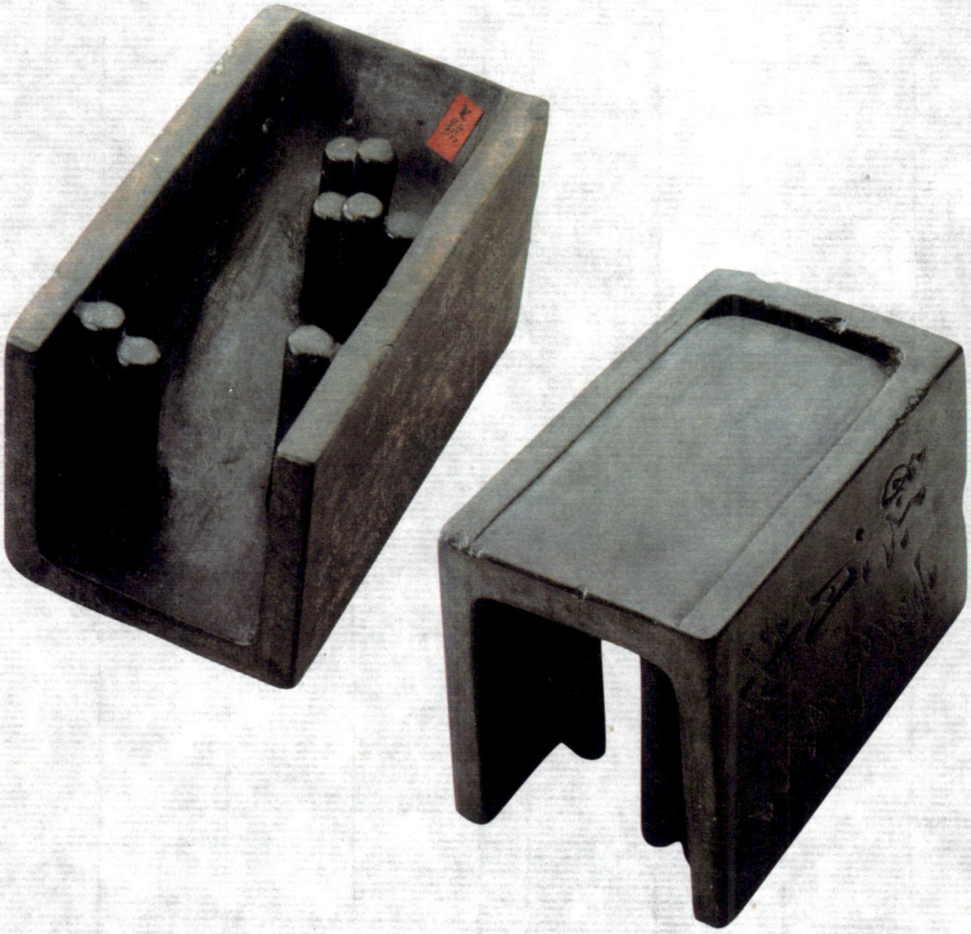

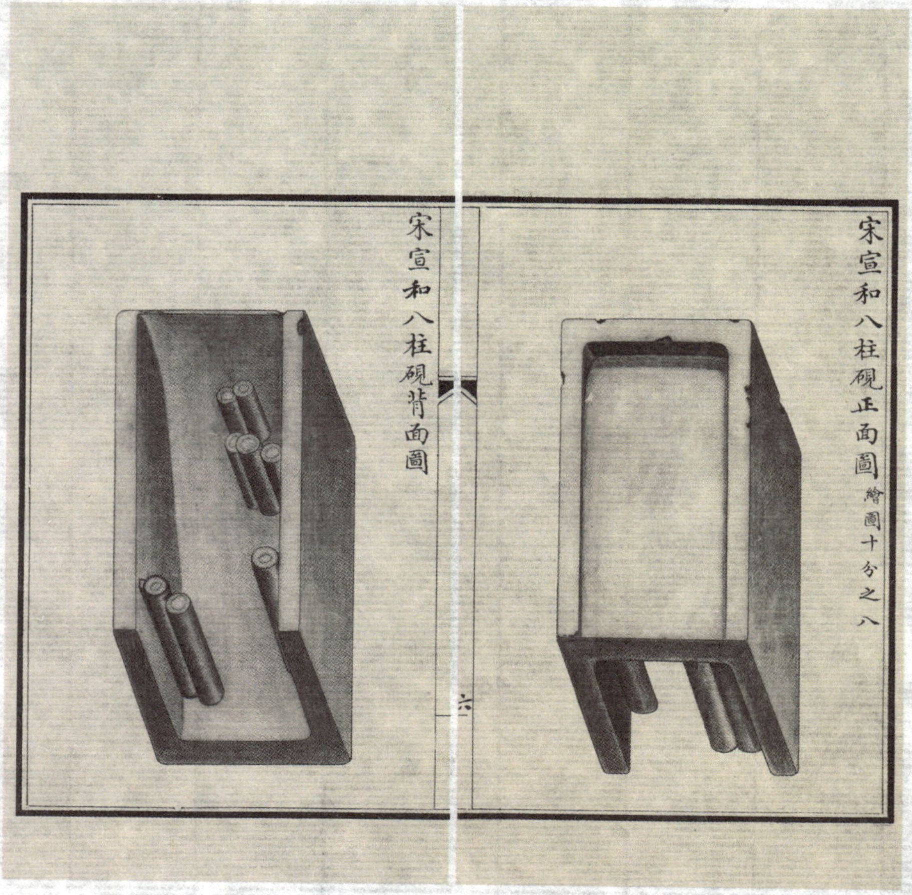
宋宣和八柱硯正面圖 繪圖十分之八
宋宣和八柱硯背面圖

蔆鏡
因文見道爾
光用蕃
御題

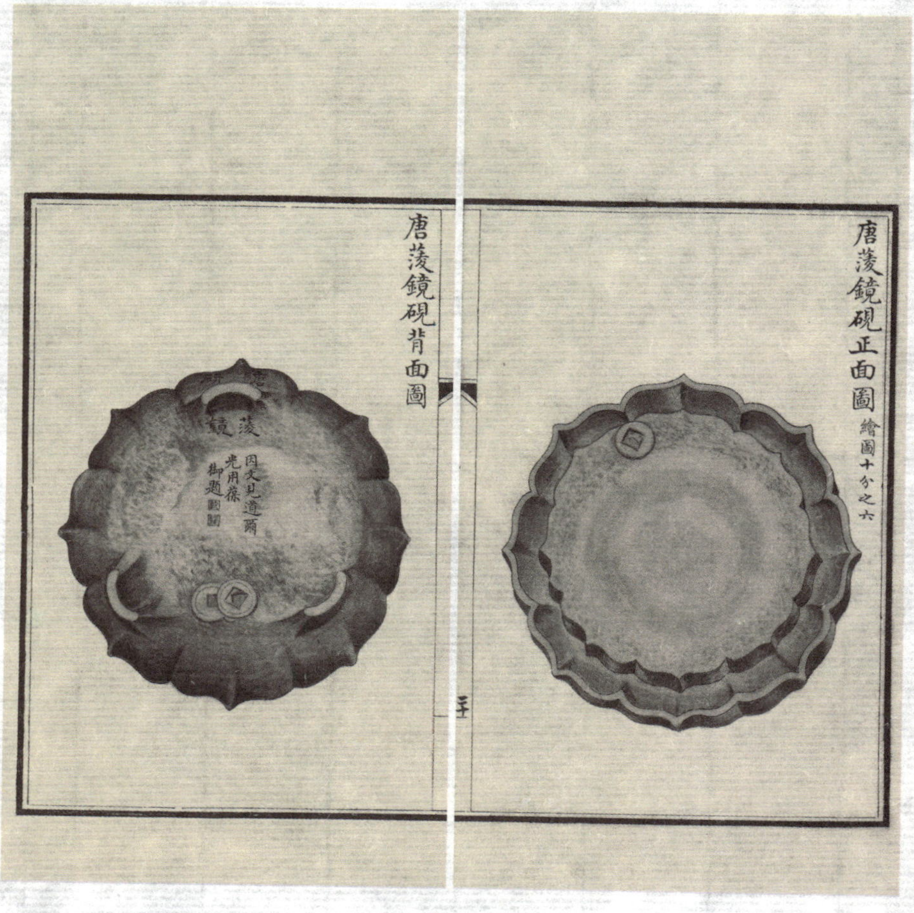
唐蔆鏡硯背面圖
唐蔆鏡硯正面圖
繪圖十分之六

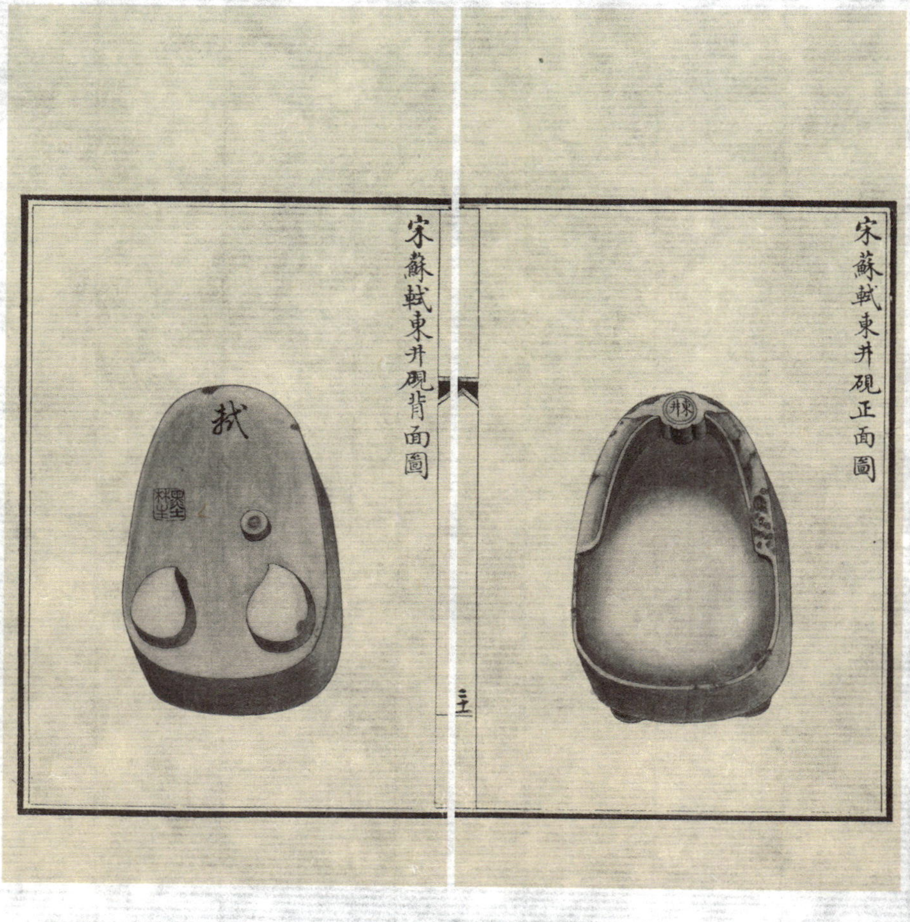
宋蘇軾東井硯正面圖
宋蘇軾東井硯背面圖

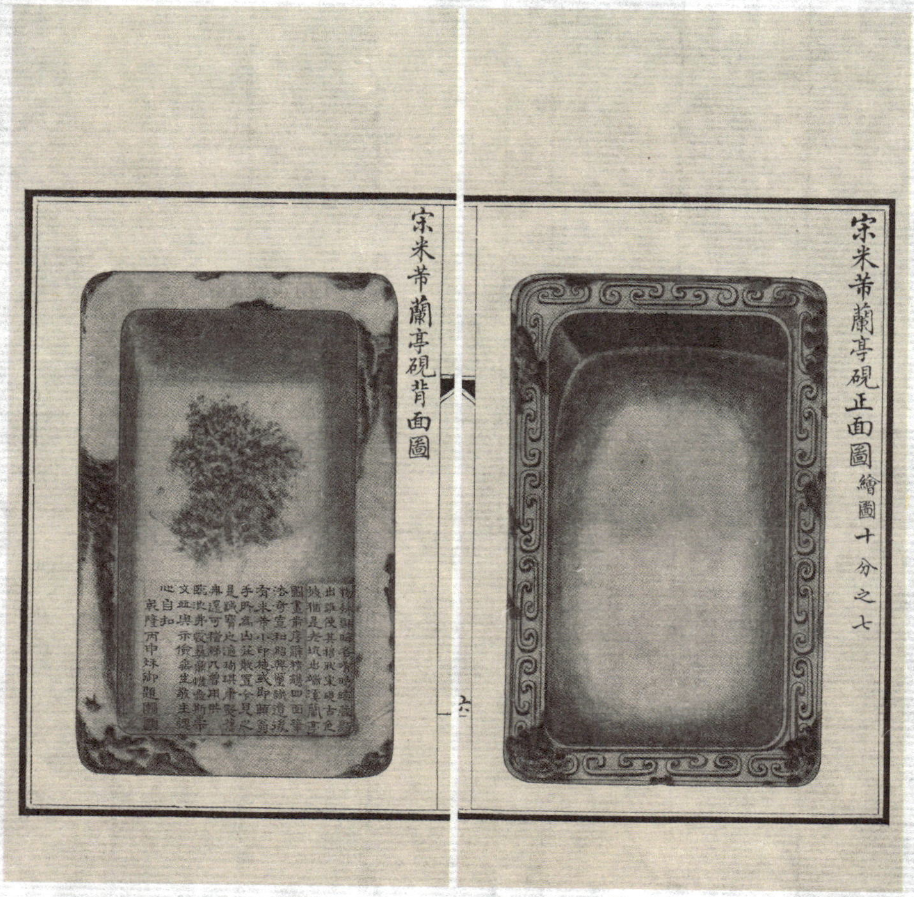
宋米芾蘭亭硯正面圖
繪圖十分之七
宋米芾蘭亭硯背面圖

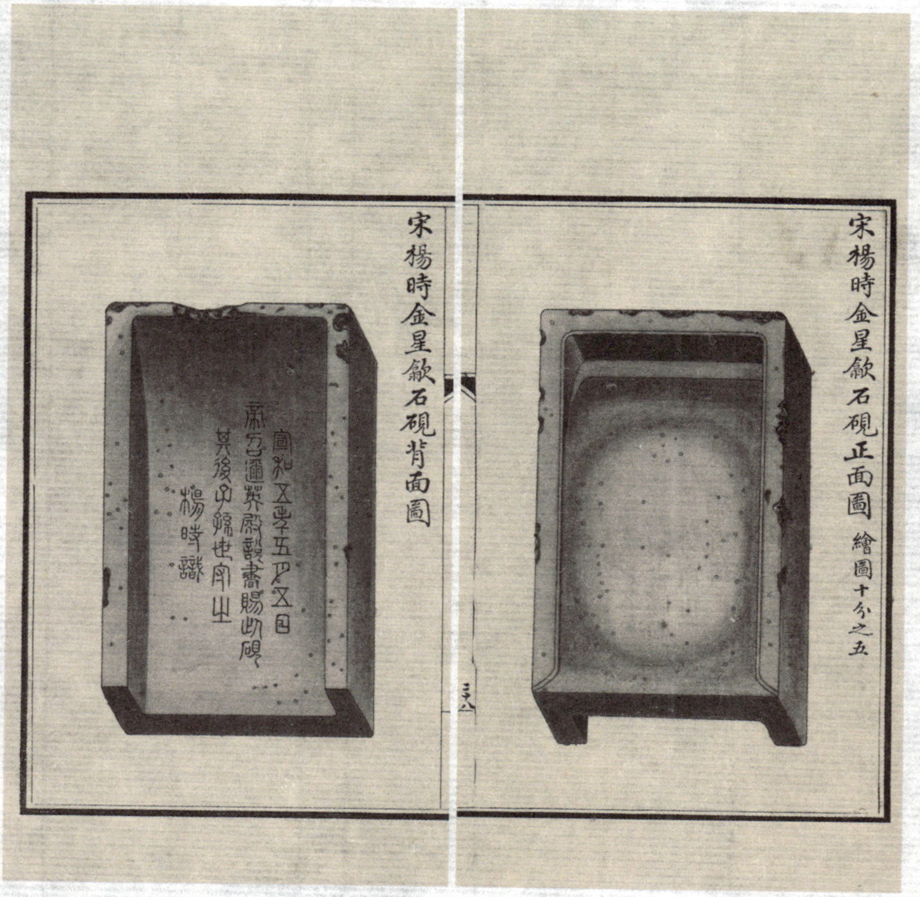
宋楊時金星歙石硯正面圖 繪圖十分之五
宋楊時金星歙石硯背面圖

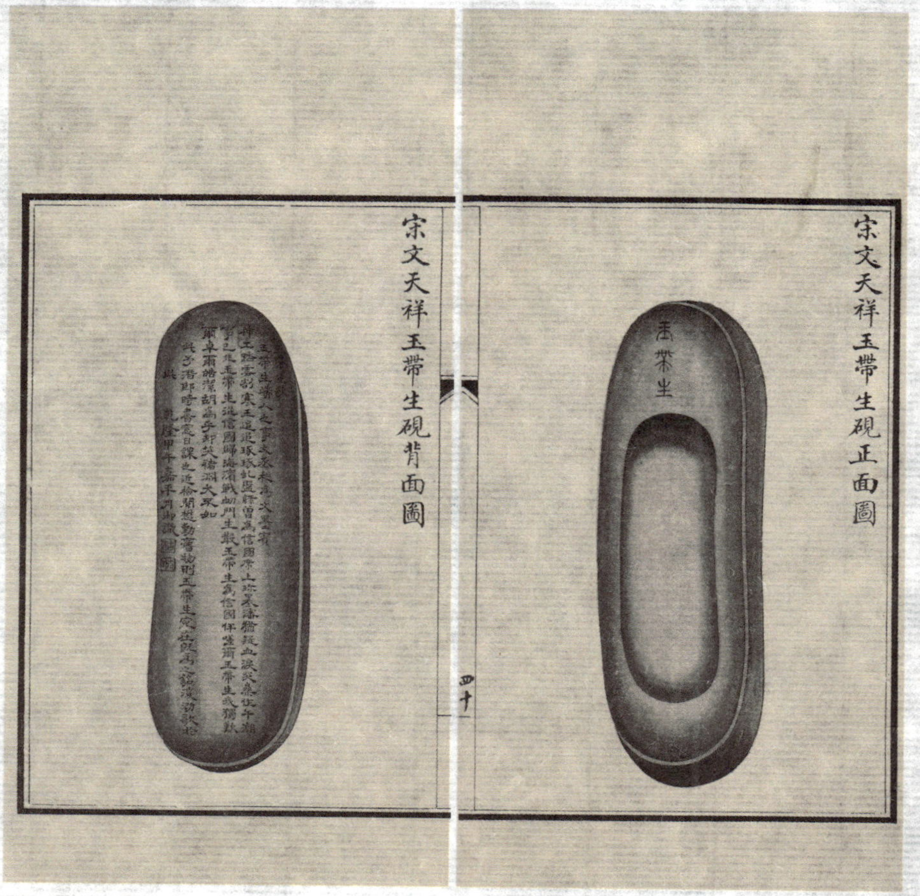
宋文天祥玉帶生硯正面圖

玉帶生

宋文天祥玉帶生硯背面圖

四十

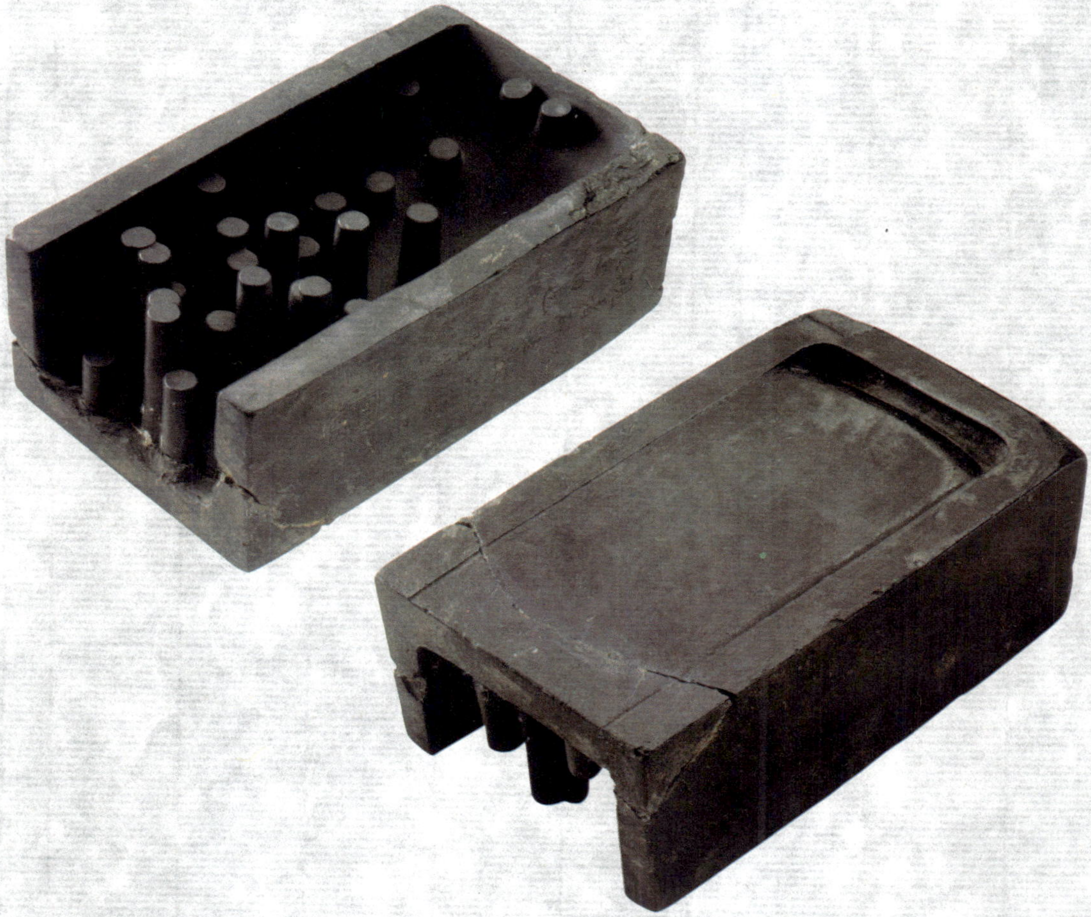

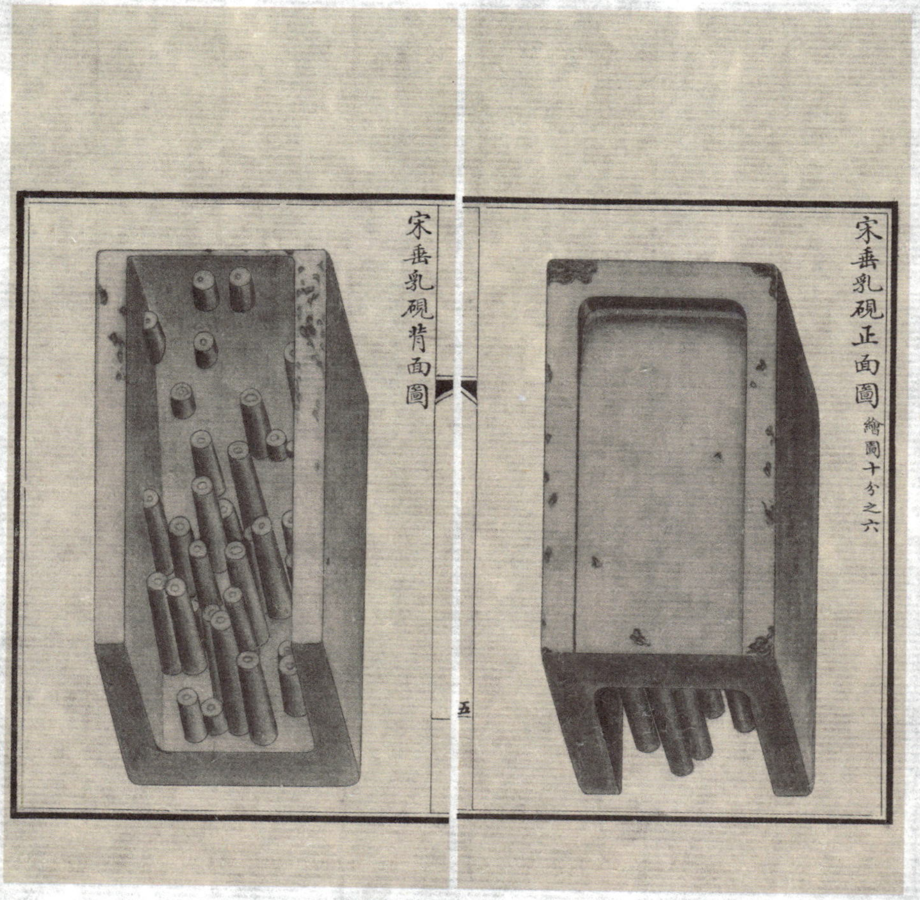
宋垂乳硯正面圖
繪圖十分之六
宋垂乳硯背面圖
五

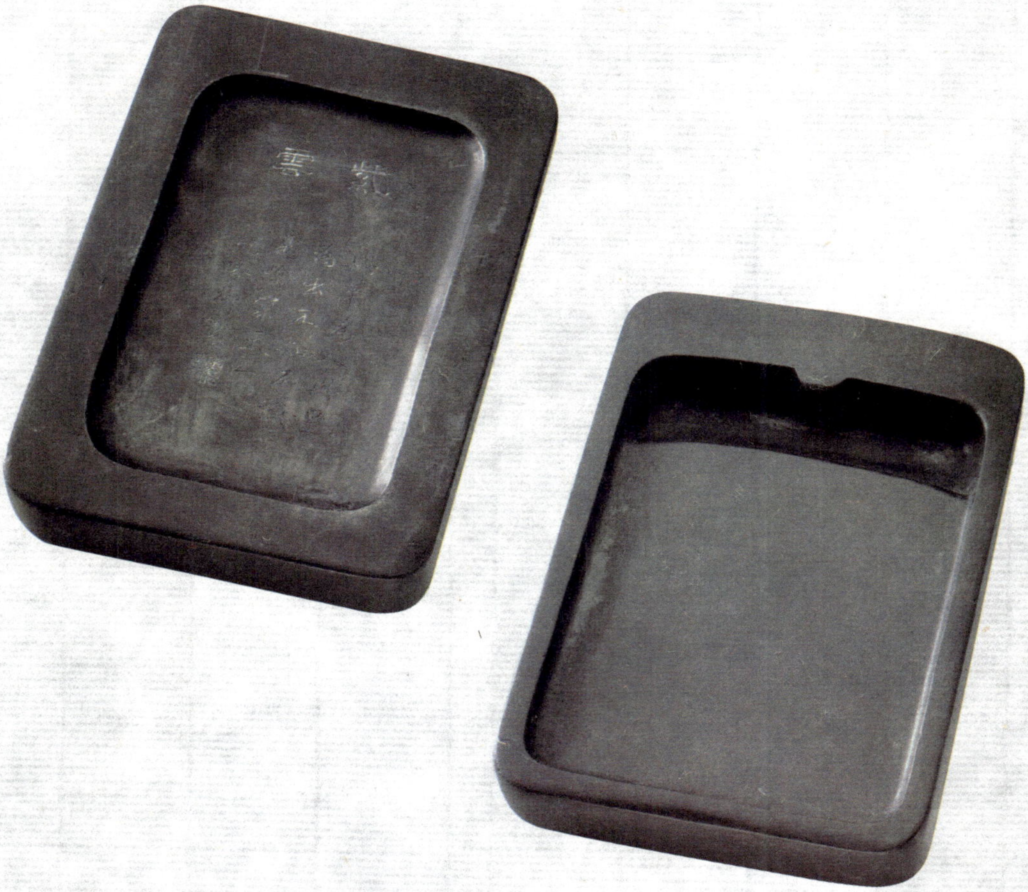

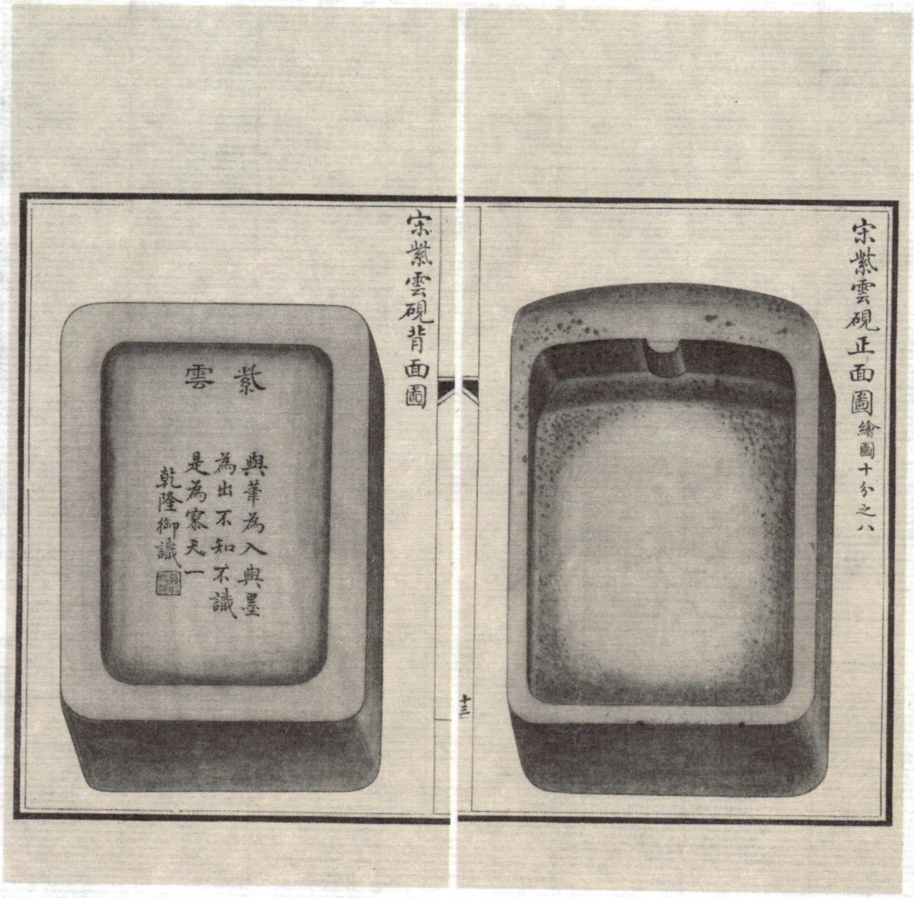
宋紫雲硯正面圖
繪圖十分之八
宋紫雲硯背面圖
紫雲
與筆為入與墨為出不知不識是為寡天一
乾隆御識
十三

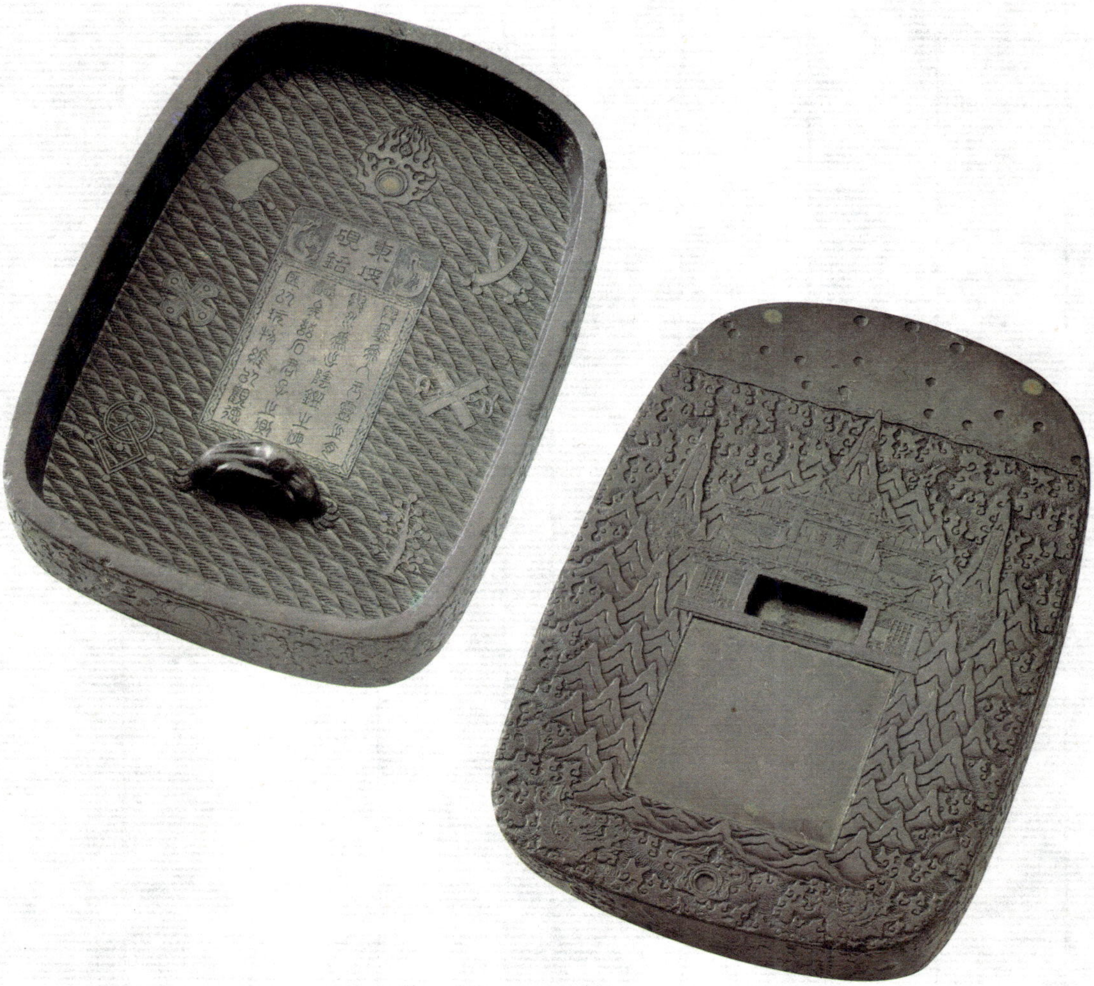

宋端石海天硯正面圖

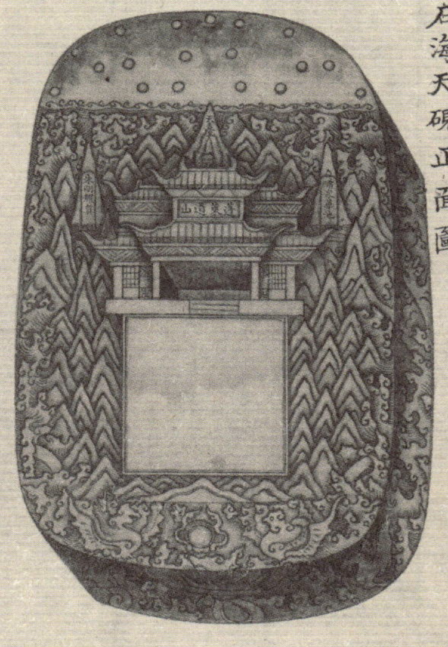

宋端石海天硯背面圖

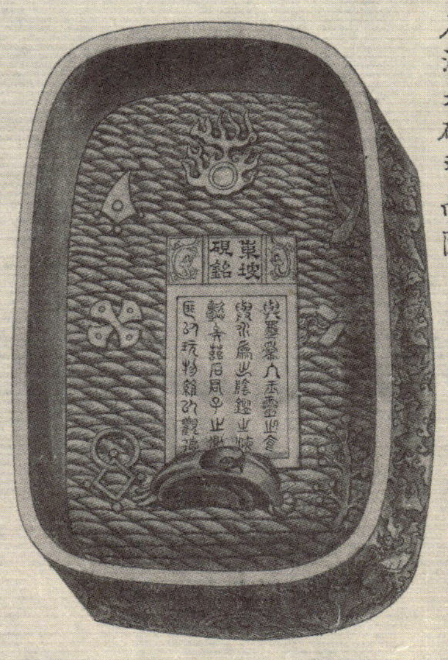

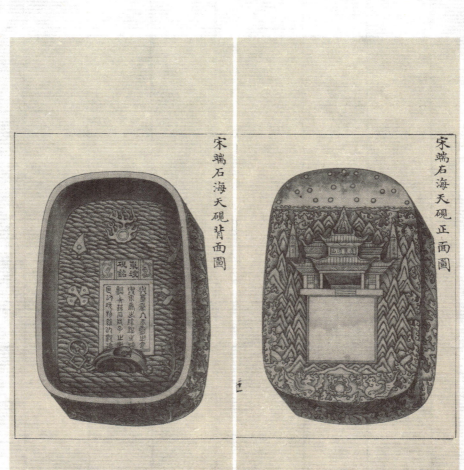

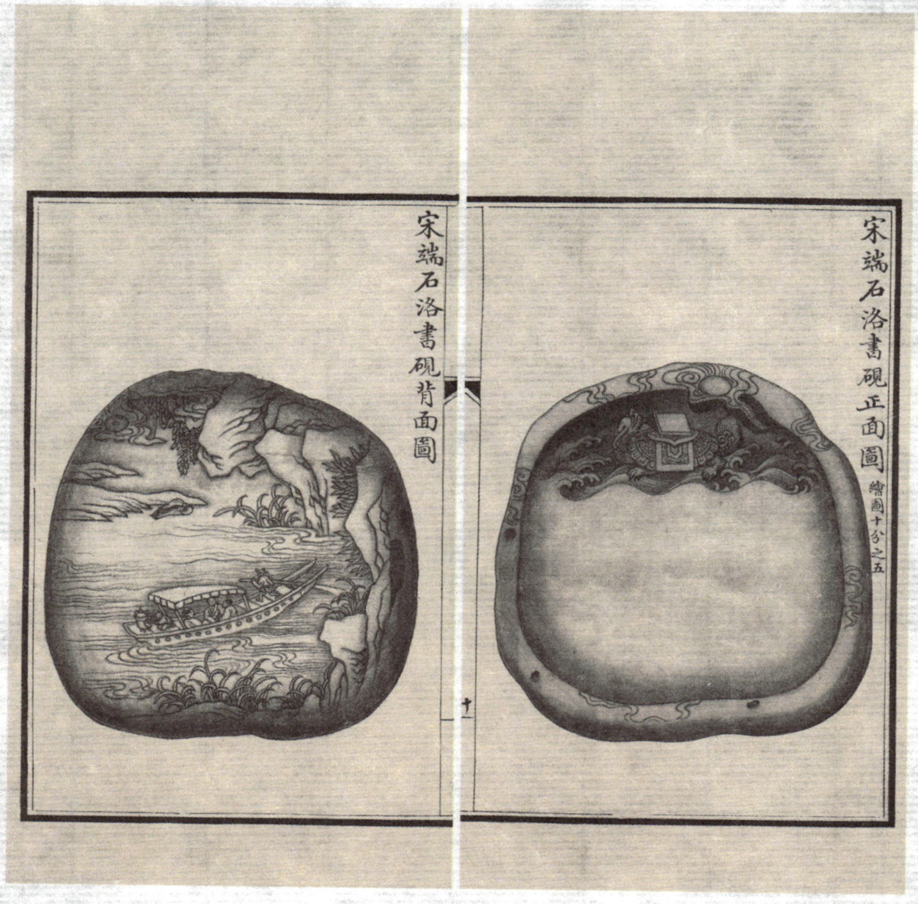
宋端石洛書硯正面圖
繪圖十分之五

宋端石洛書硯背面圖

十

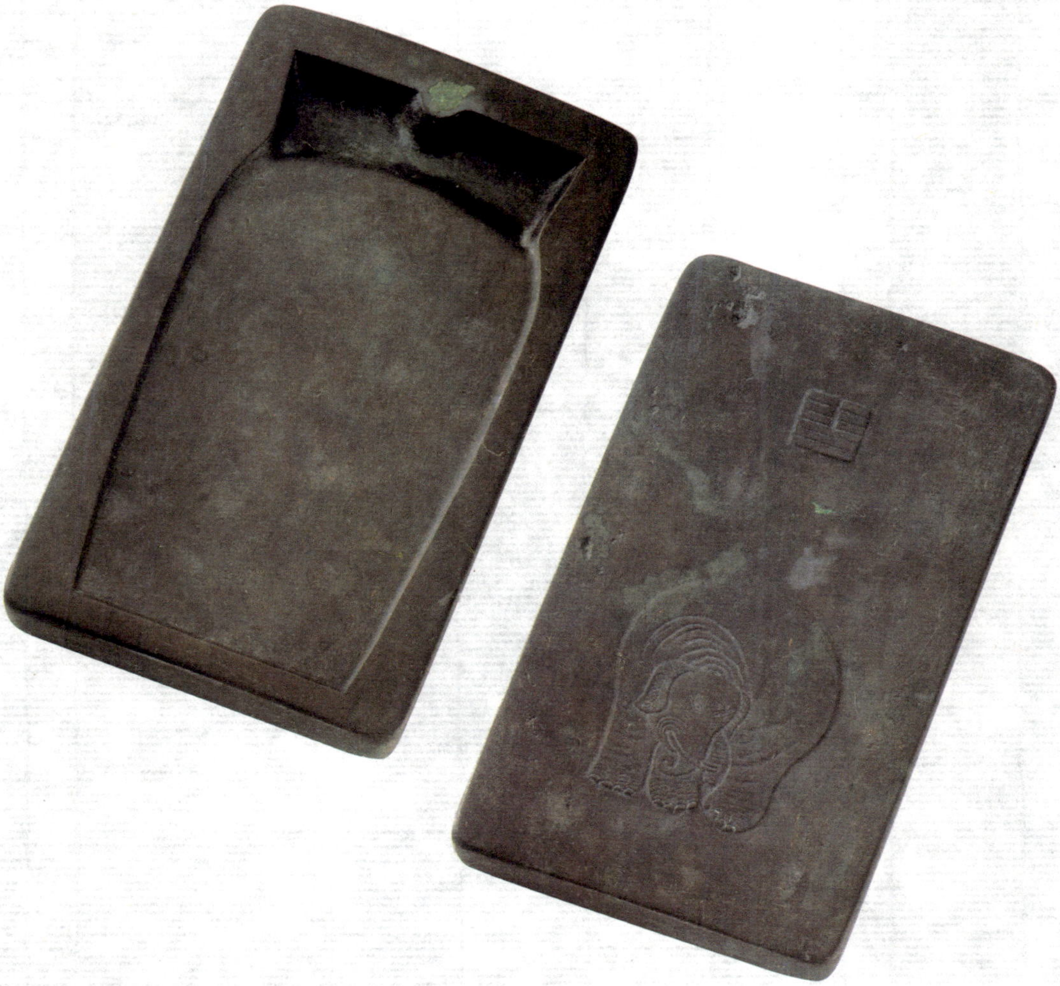

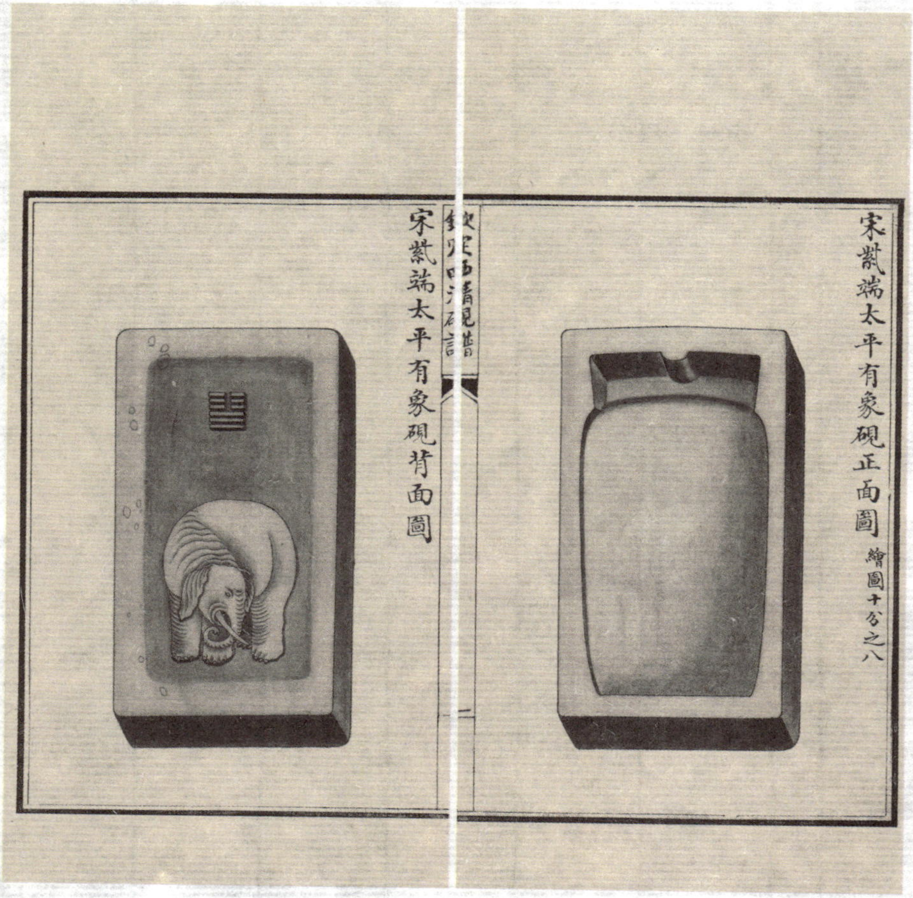
宋歙端太平有象硯正面圖
繪圖十分之八
欽定西清硯譜
宋歙端太平有象硯背面圖

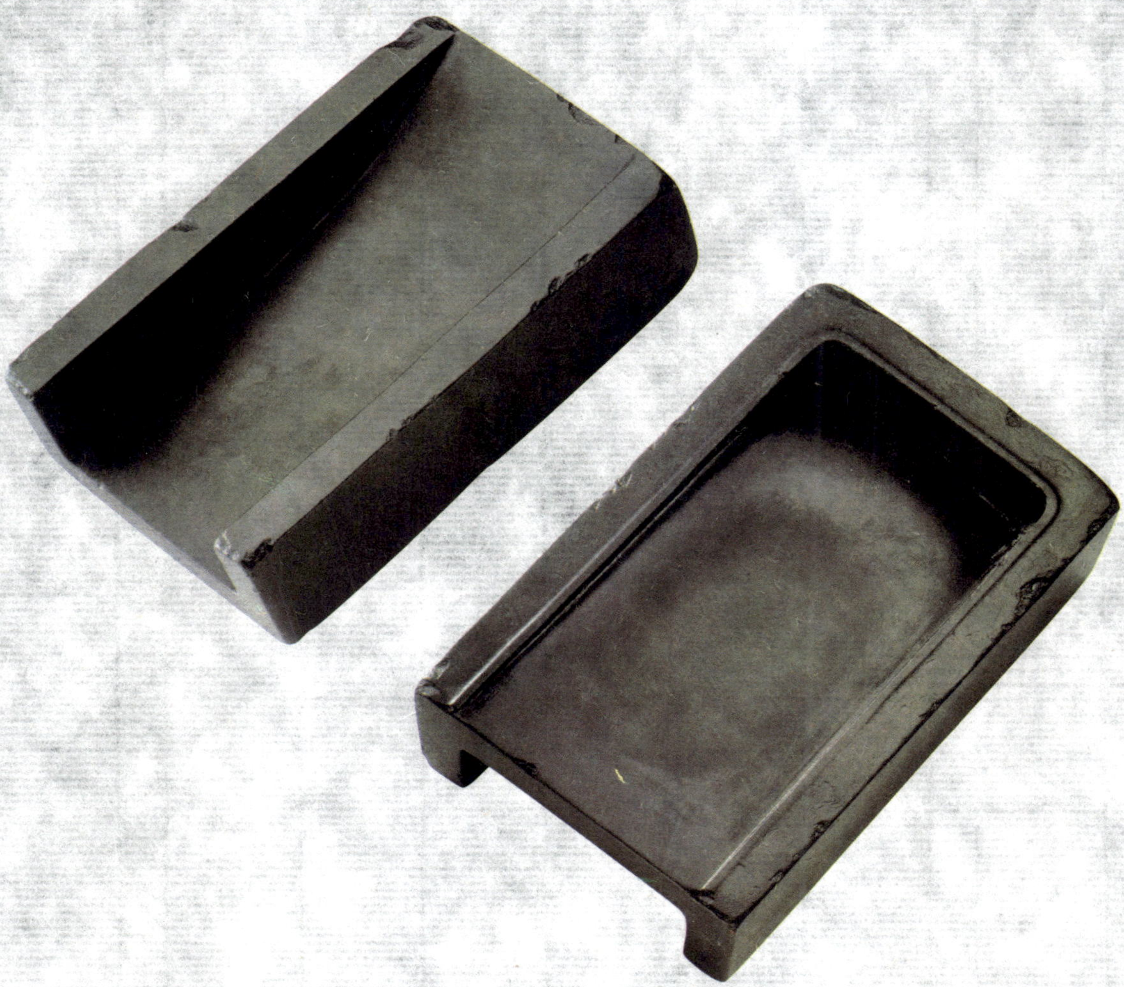

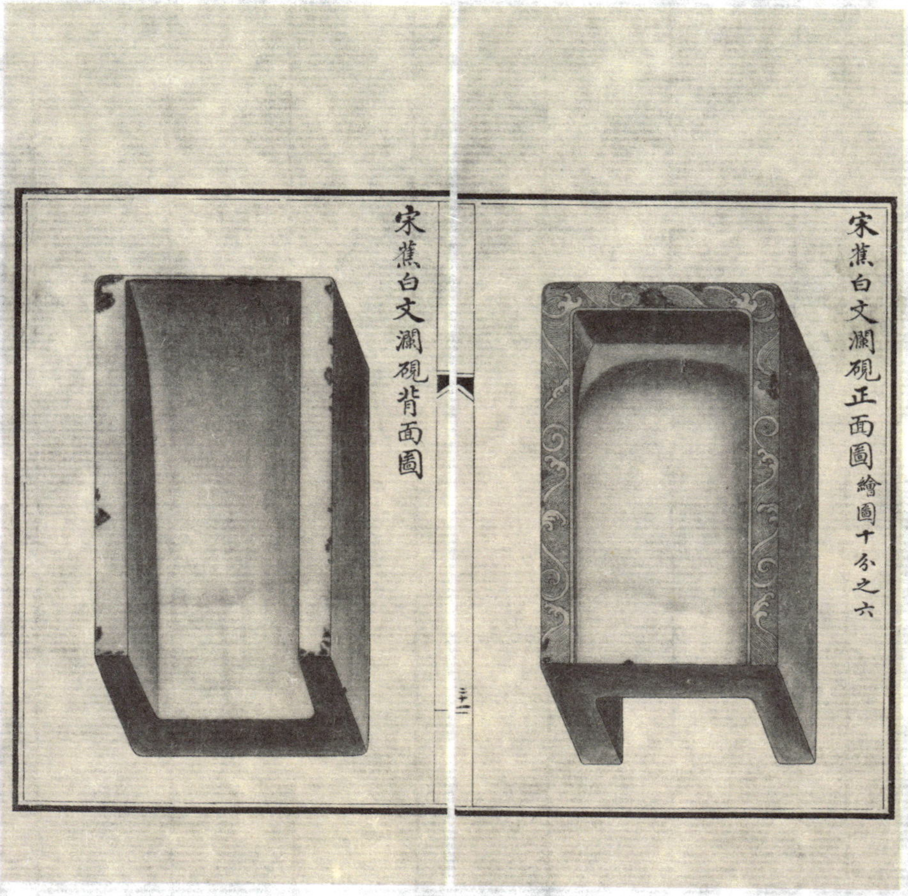
宋蕉白文瀾硯正面圖
繪圖十分之六
宋蕉白文瀾硯背面圖

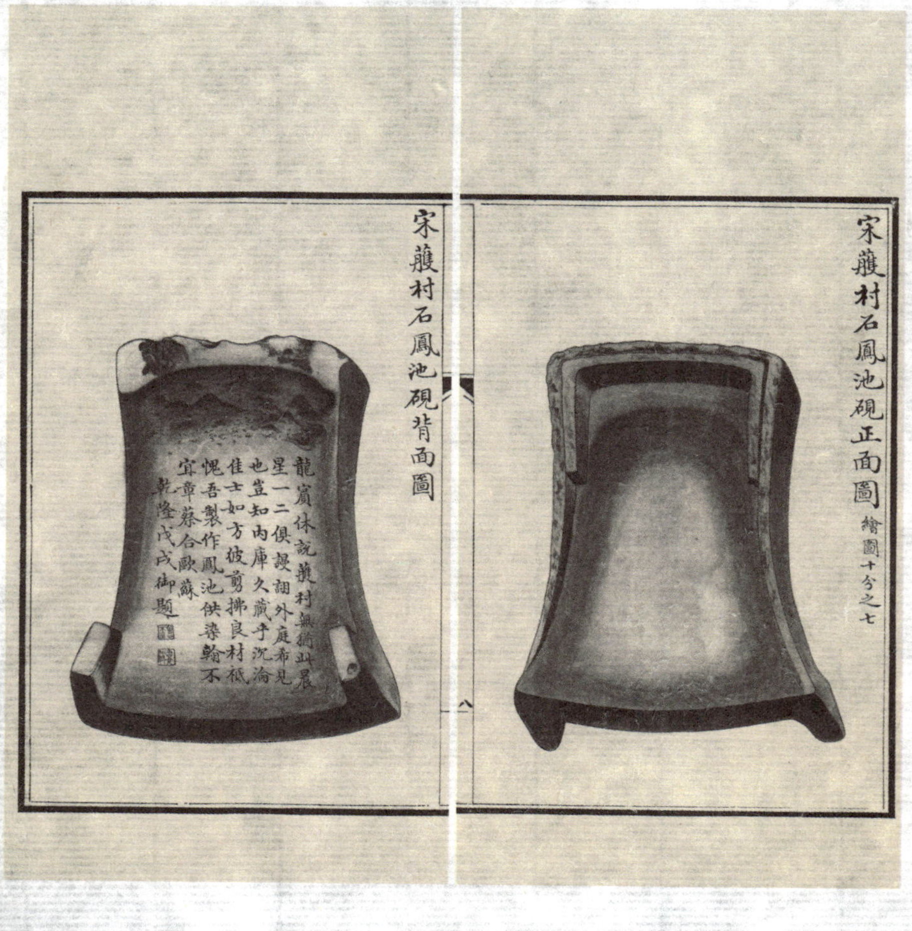

宋蘺村石鳳池硯正面圖
繪圖十分之七
宋蘺村石鳳池硯背面圖
龍賓休説蘺村無猶此晨星一二俱謾詡外庭希見也豈知内庫久藏乎沈淪佳士如方彼剪拂良材祇愧吾製作鳳池供染翰不宜章蔡合歐蘇
乾隆戊戌御題

有暈其黃載守
其黑是為支離
之珀
乾隆御識

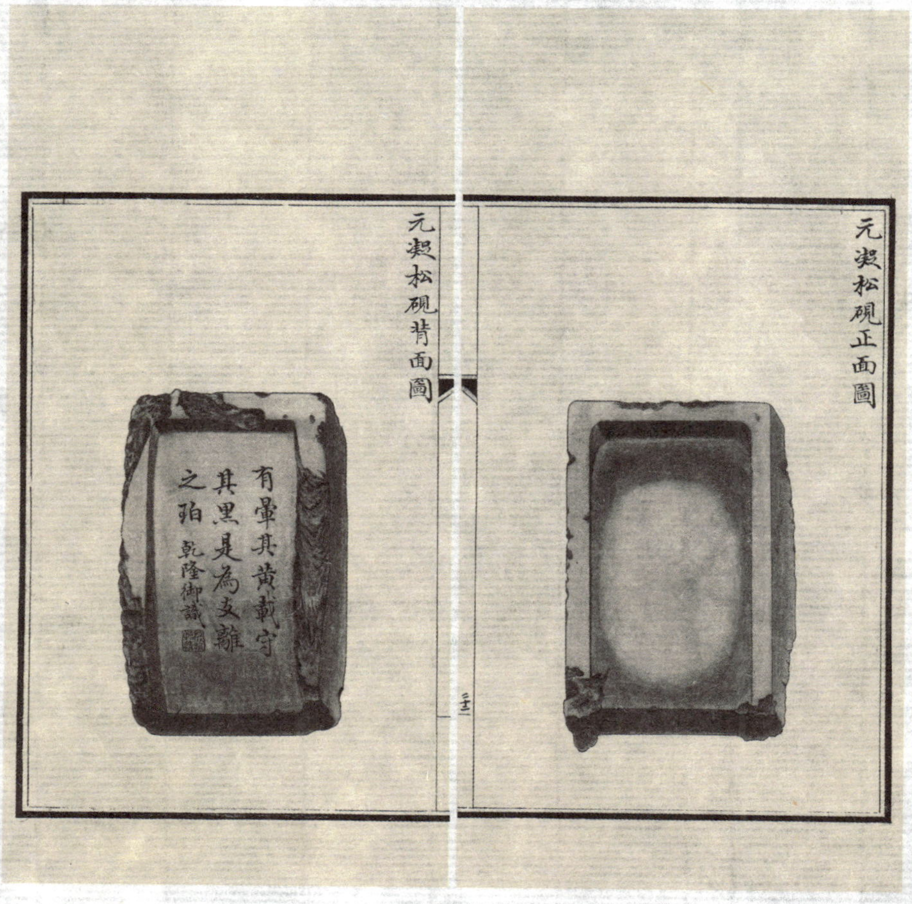
元凝松硯正面圖
元凝松硯背面圖
有暈其黃載守
其黑是為支離
之珀
乾隆御識

墨林珍賞
項氏家藏

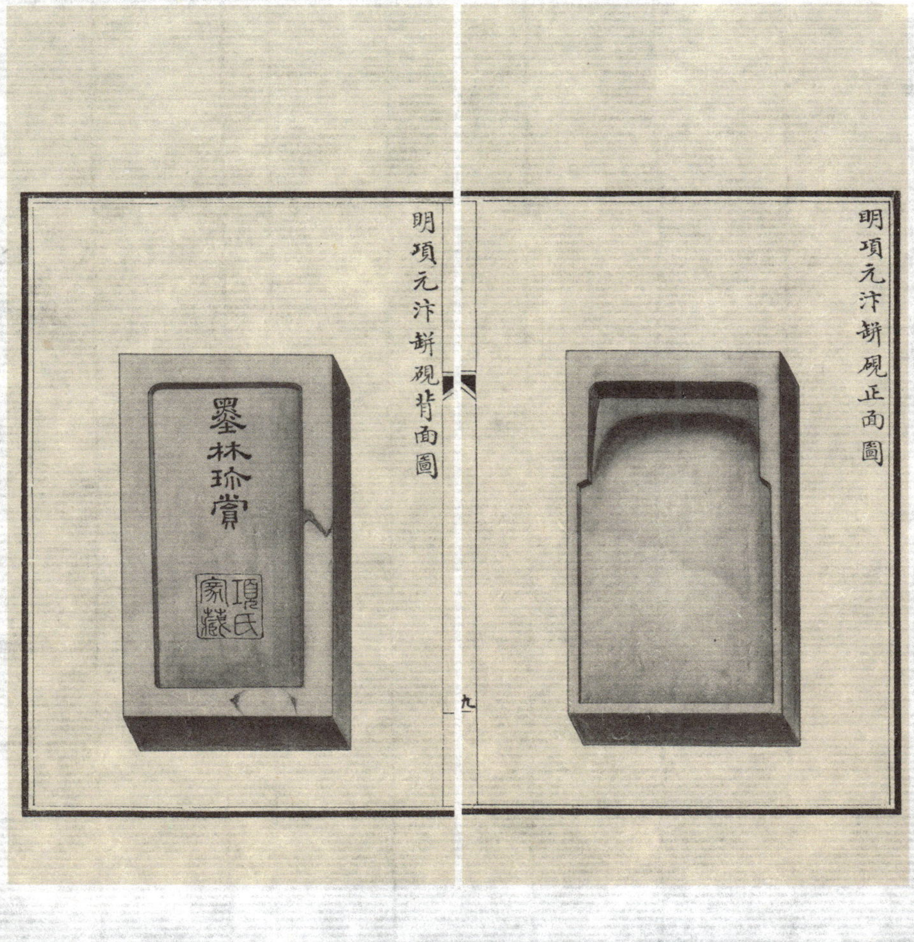
明項元汴餅硯正面圖
明項元汴餅硯背面圖
墨林珍賞
項氏家藏
九

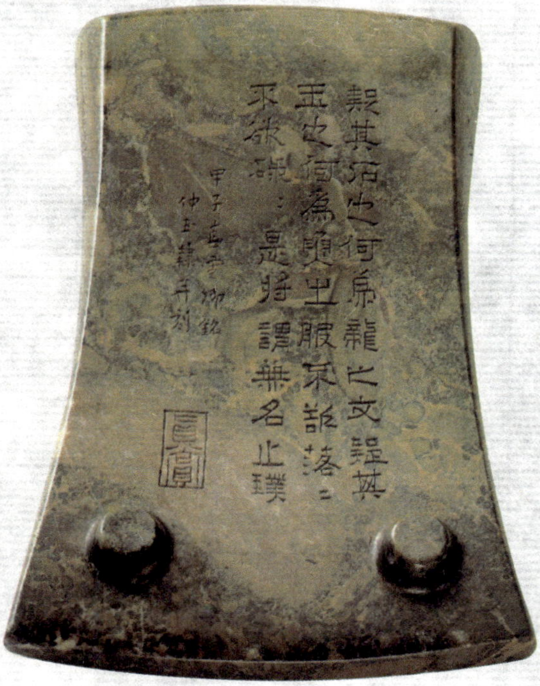

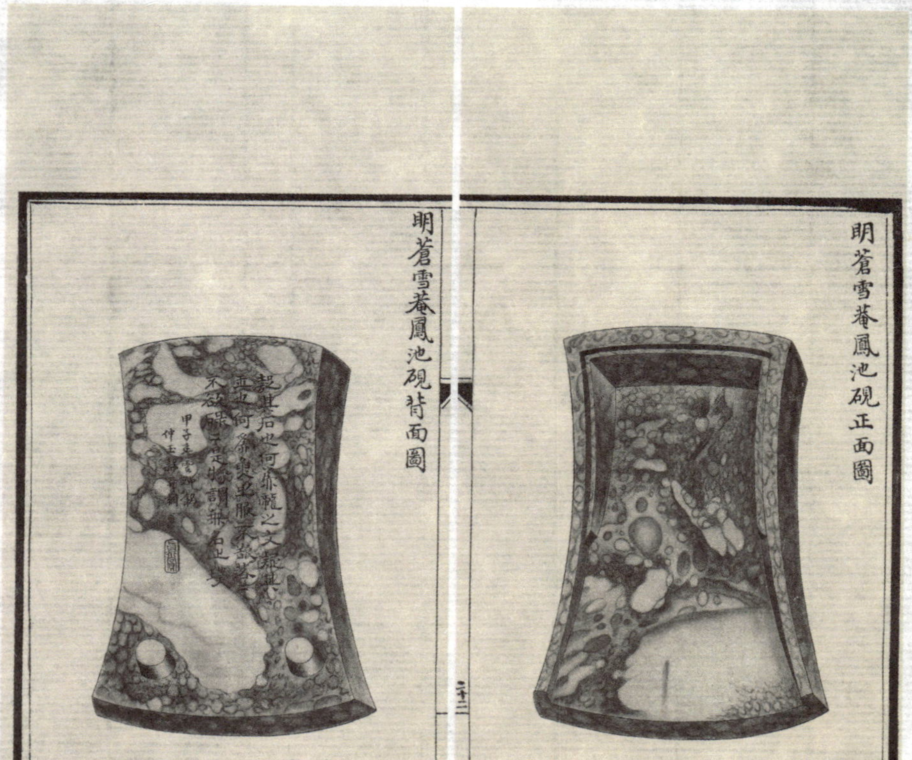
明蒼雪菴鳳池硯正面圖
明蒼雪菴鳳池硯背面圖

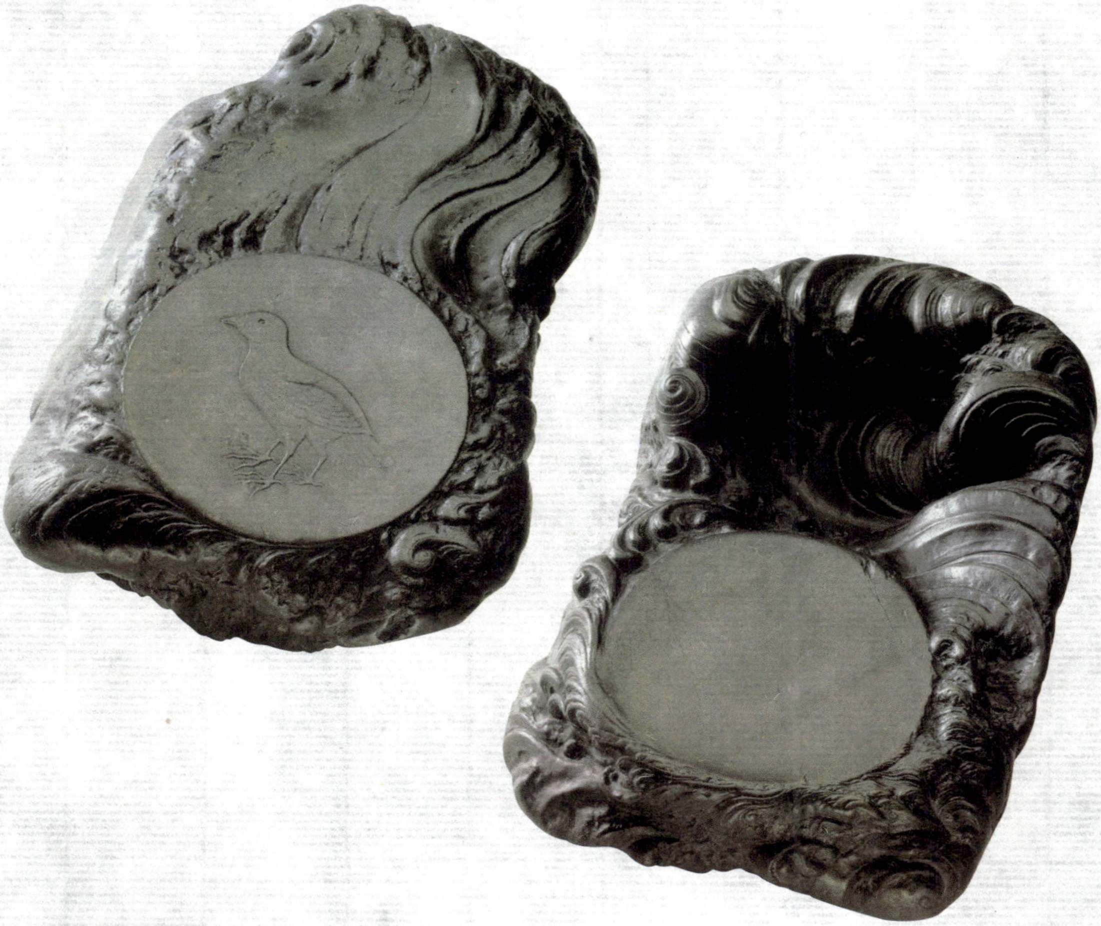

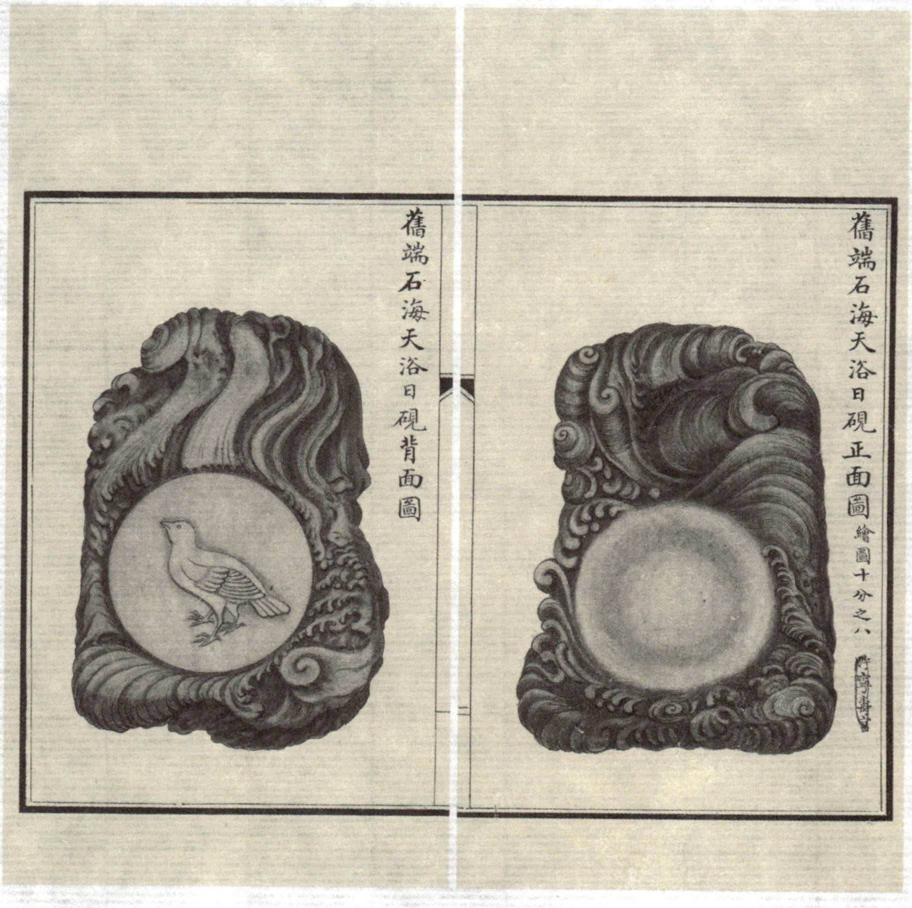
舊端石海天浴日硯正面圖 繪圖十分之八
舊端石海天浴日硯背面圖

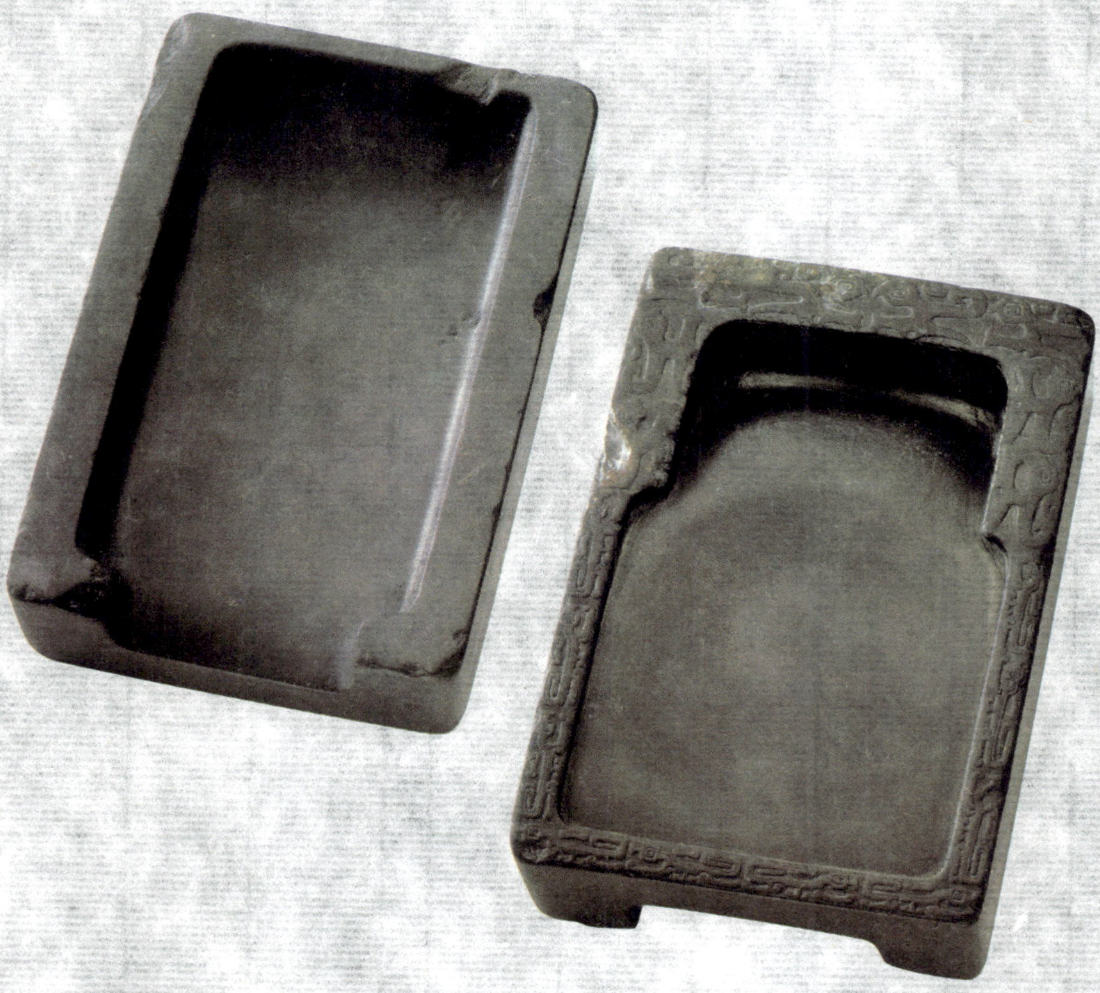

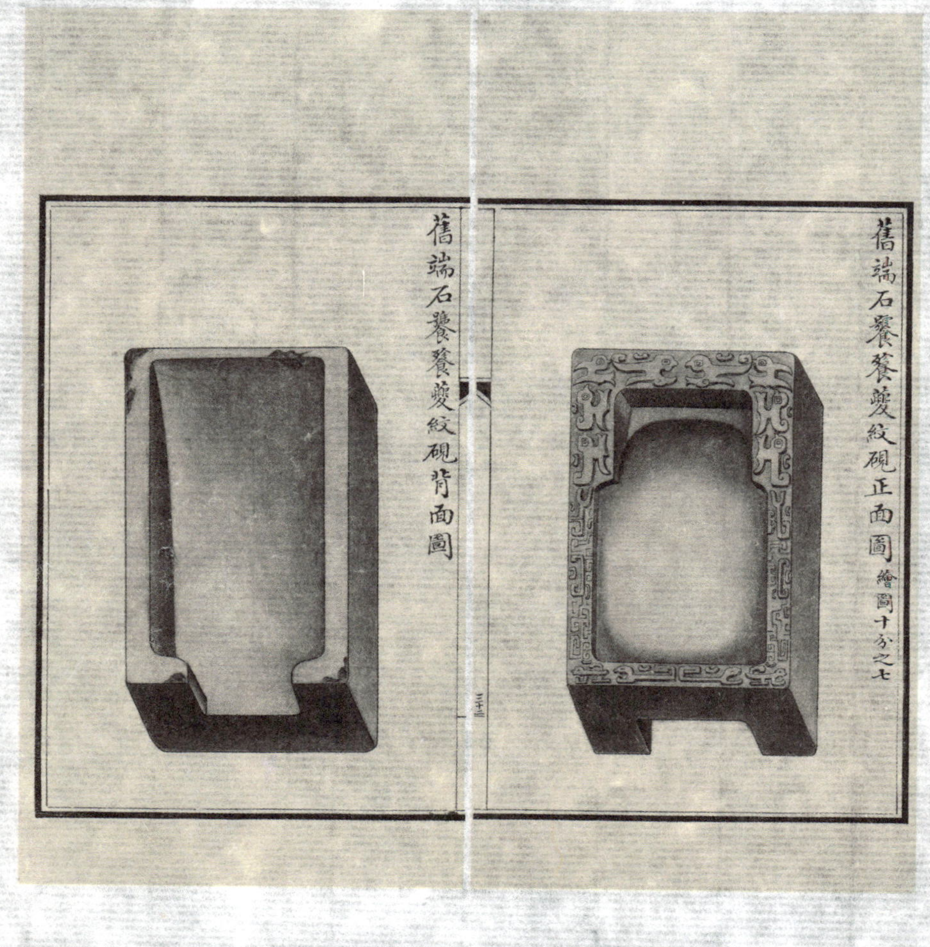
舊端石饕餮夔紋硯正面圖 繪圖十分之七
舊端石饕餮夔紋硯背面圖

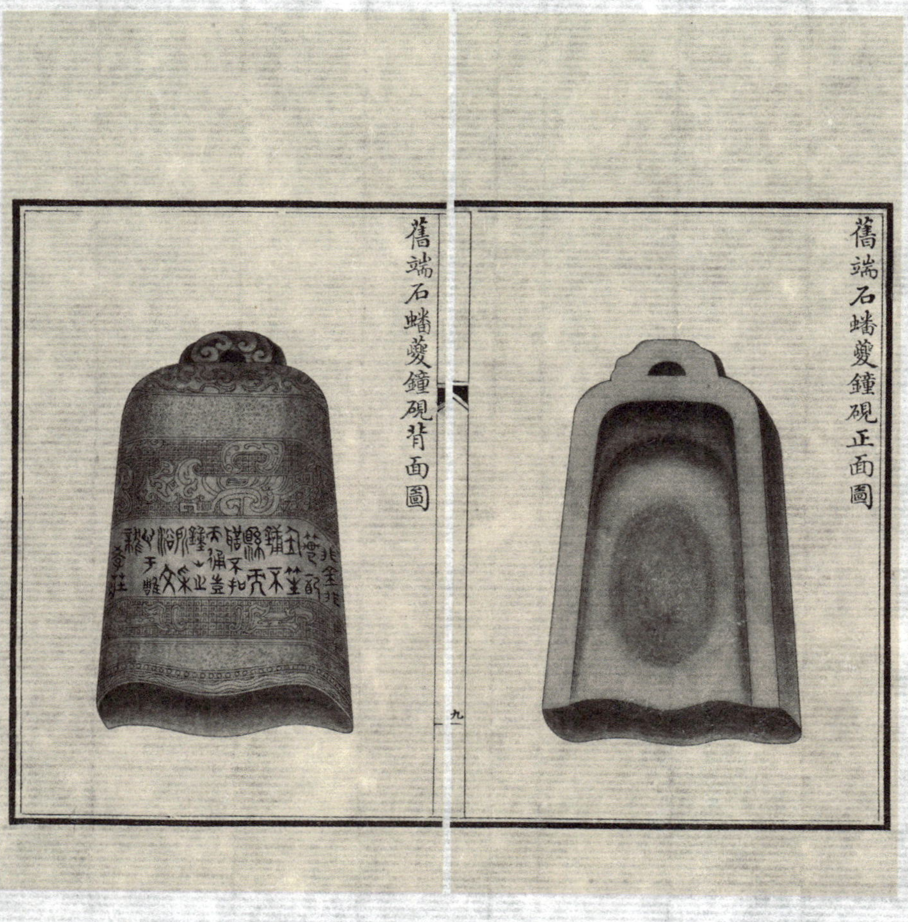
舊端石蟠夔鐘硯正面圖

舊端石蟠夔鐘硯背面圖

九

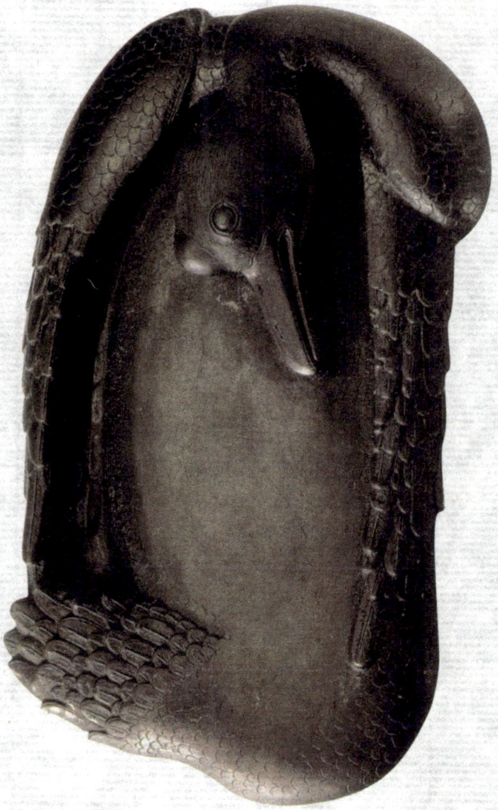

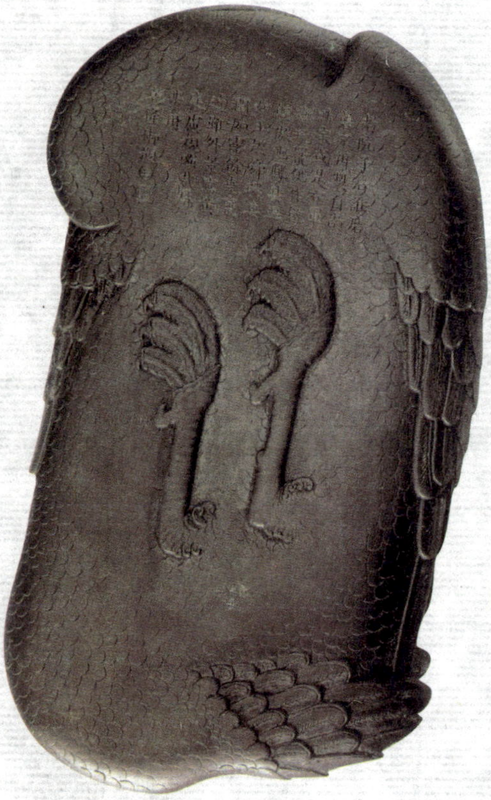

舊端石鵞硯正面圖
繪圖十分之七

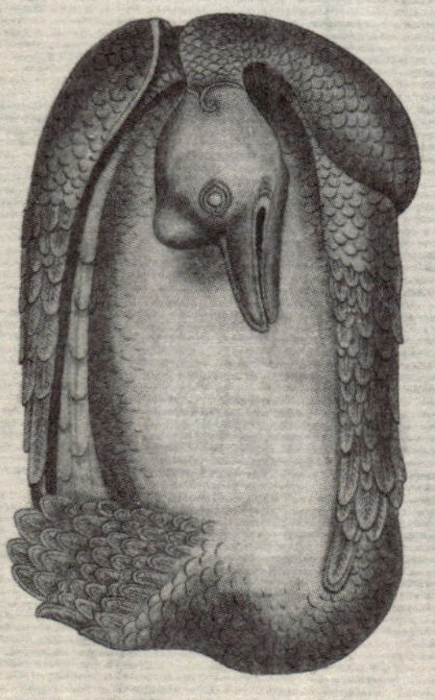

十六

舊端石鵞硯背面圖

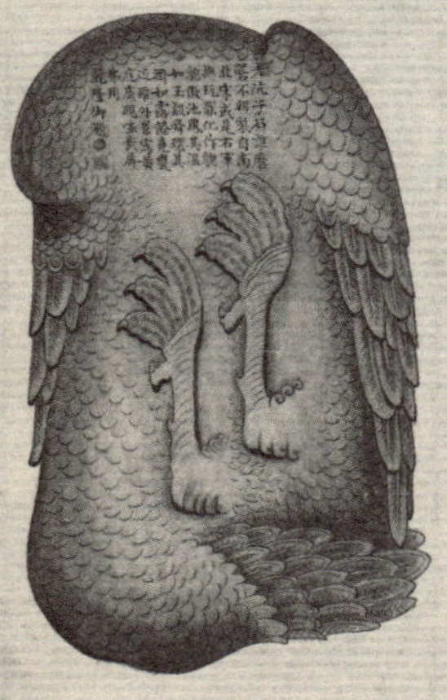

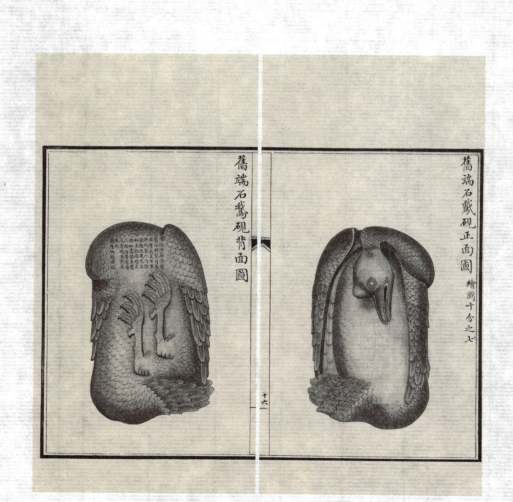

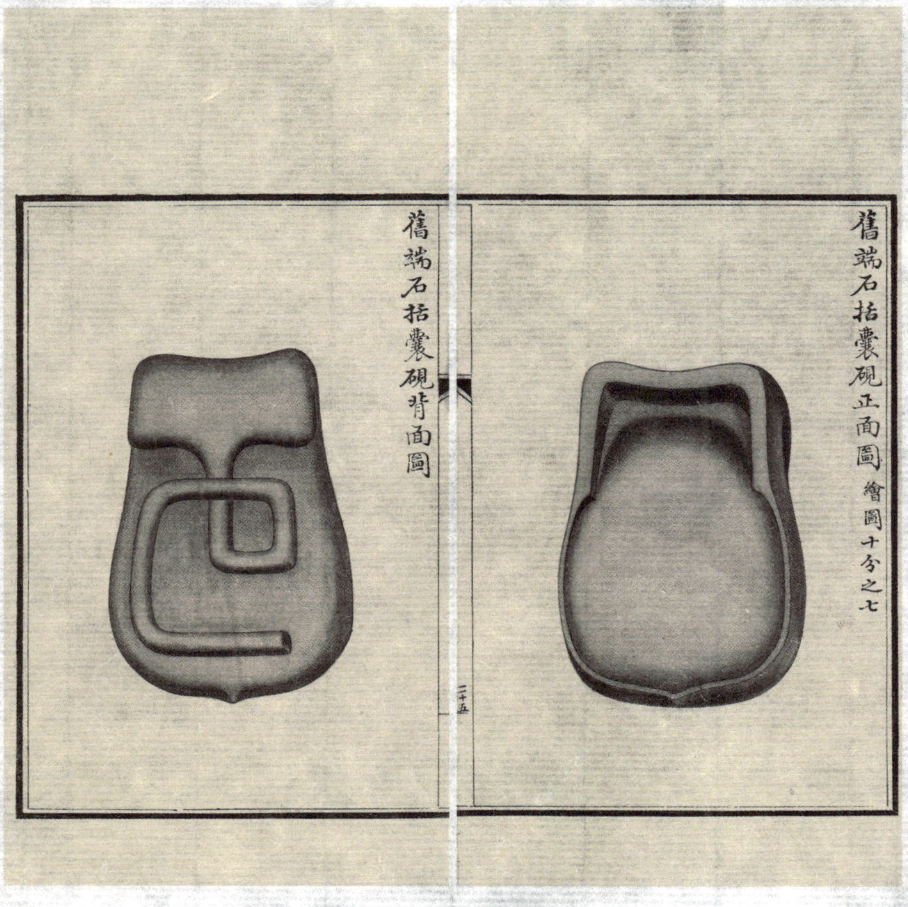
舊端石括囊硯正面圖 繪圖十分之七

舊端石括囊硯背面圖

二十五

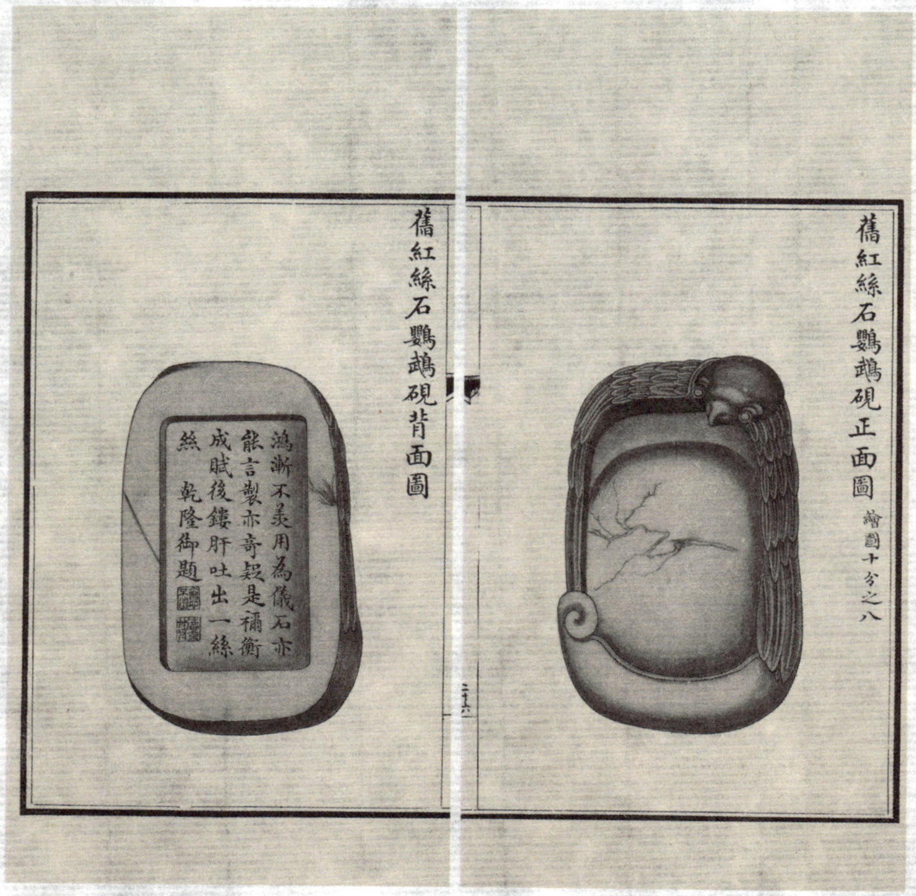
舊紅絲石鸜鵒硯正面圖 繪圖十分之八

舊紅絲石鸜鵒硯背面圖

鴻漸不羨用為儀石亦
能言製亦奇起是禰衡
成賦後鏤肝吐出一絲
絲 乾隆御題

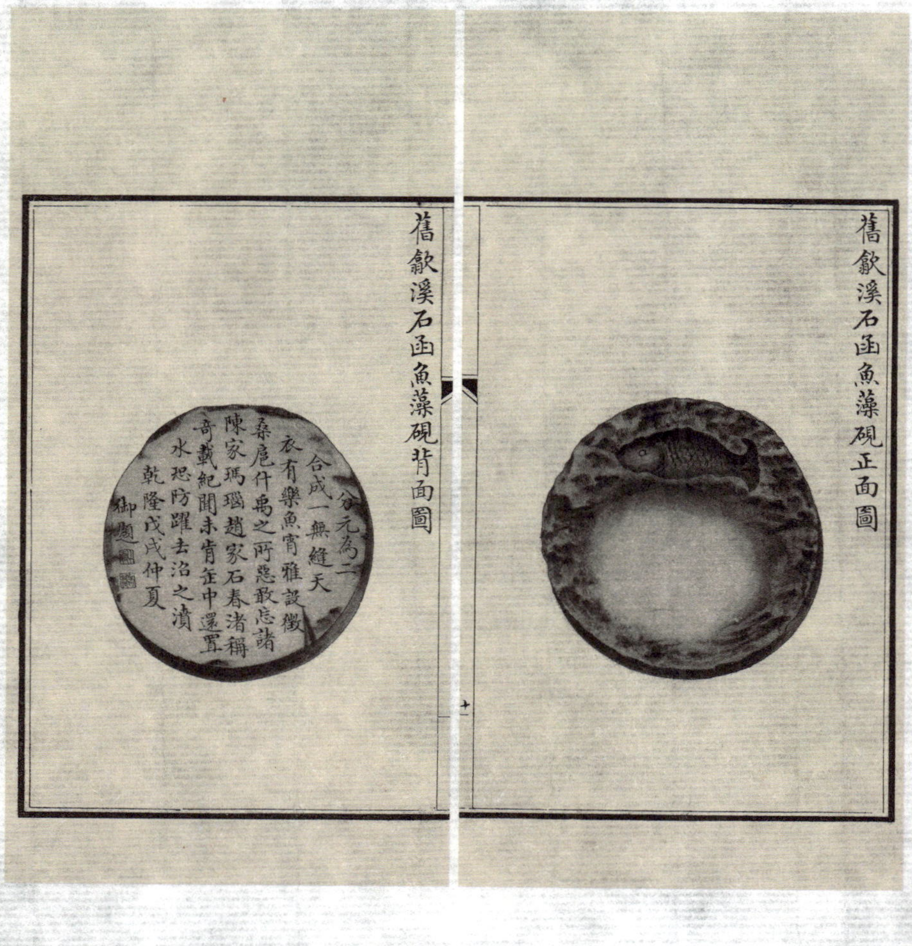
舊歙溪石函魚藻硯正面圖

舊歙溪石函魚藻硯背面圖

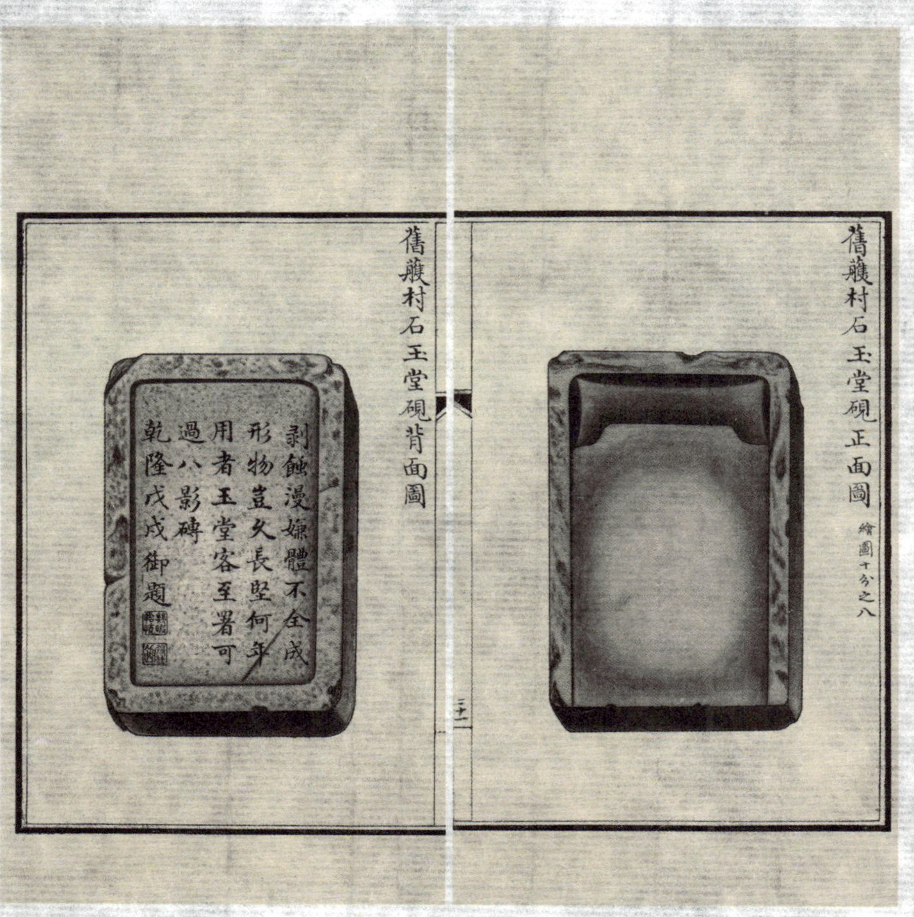
舊甎村石玉堂硯正面圖
繪圖十分之八

舊甎村石玉堂硯背面圖

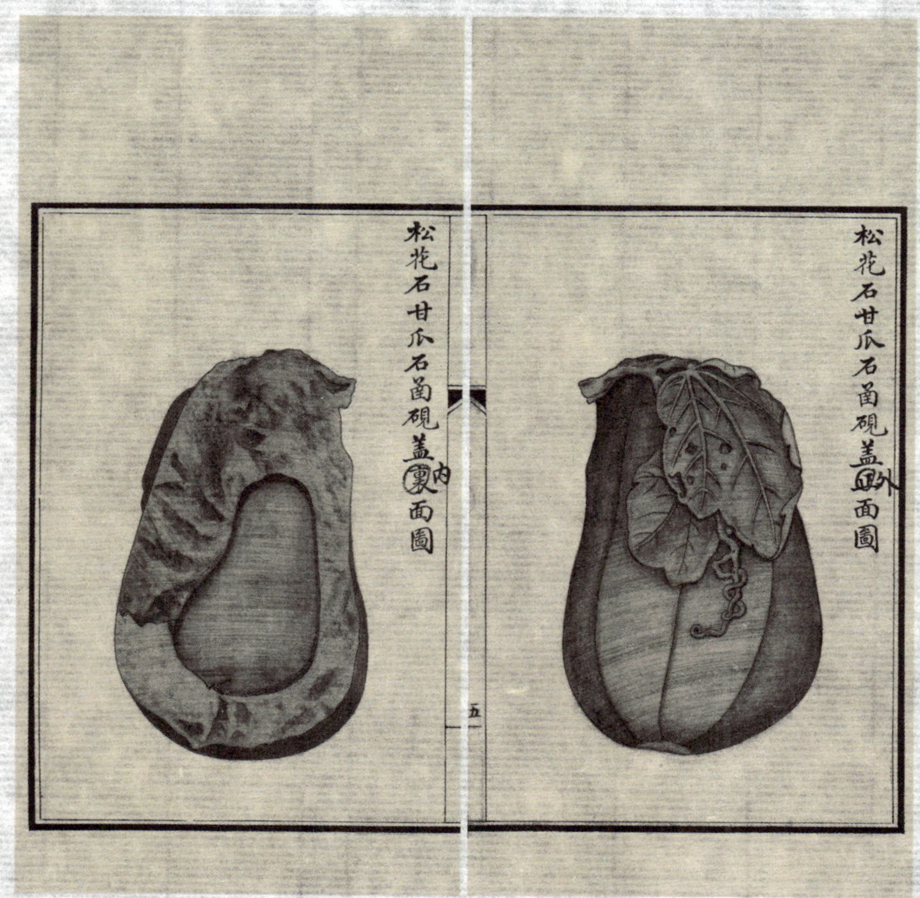
松花石甘瓜石凾硯蓋外面圖
松花石甘瓜石凾硯蓋内面圖
五

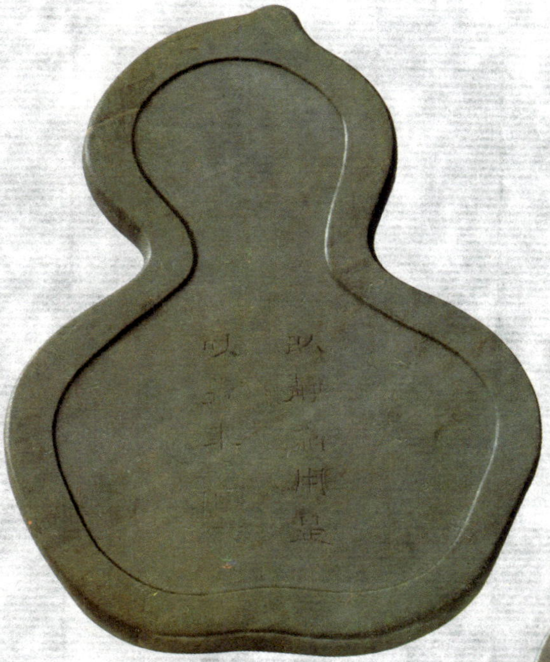

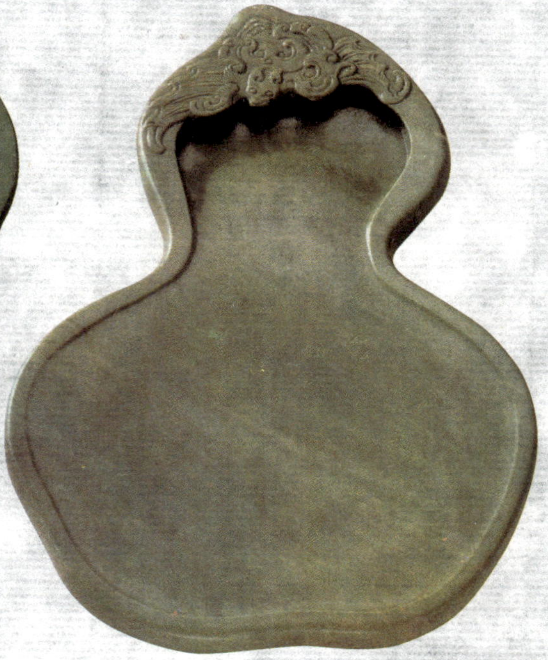

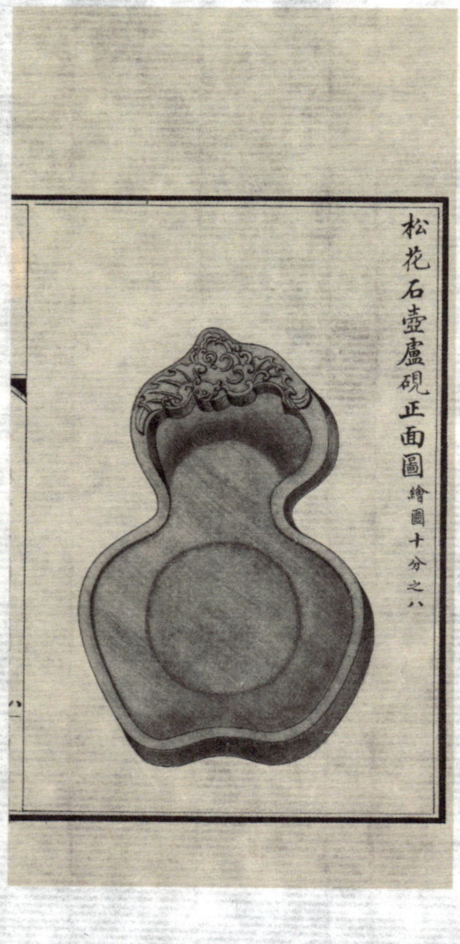
松花石壺盧硯正面圖 繪圖十分之八

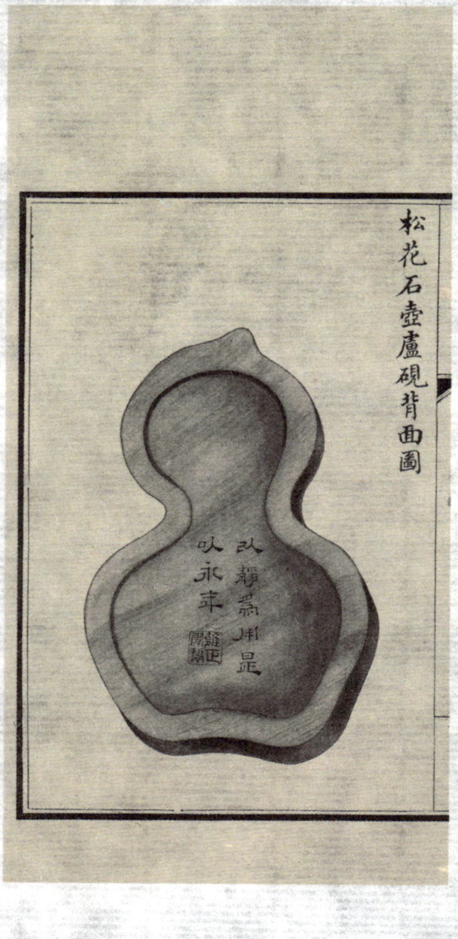
松花石壺盧硯背面圖

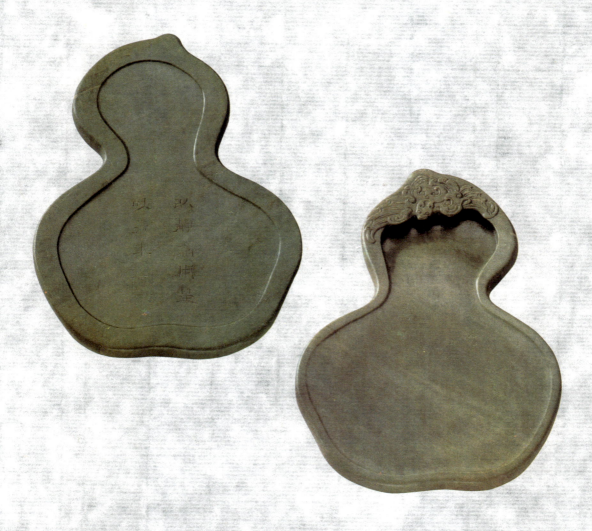

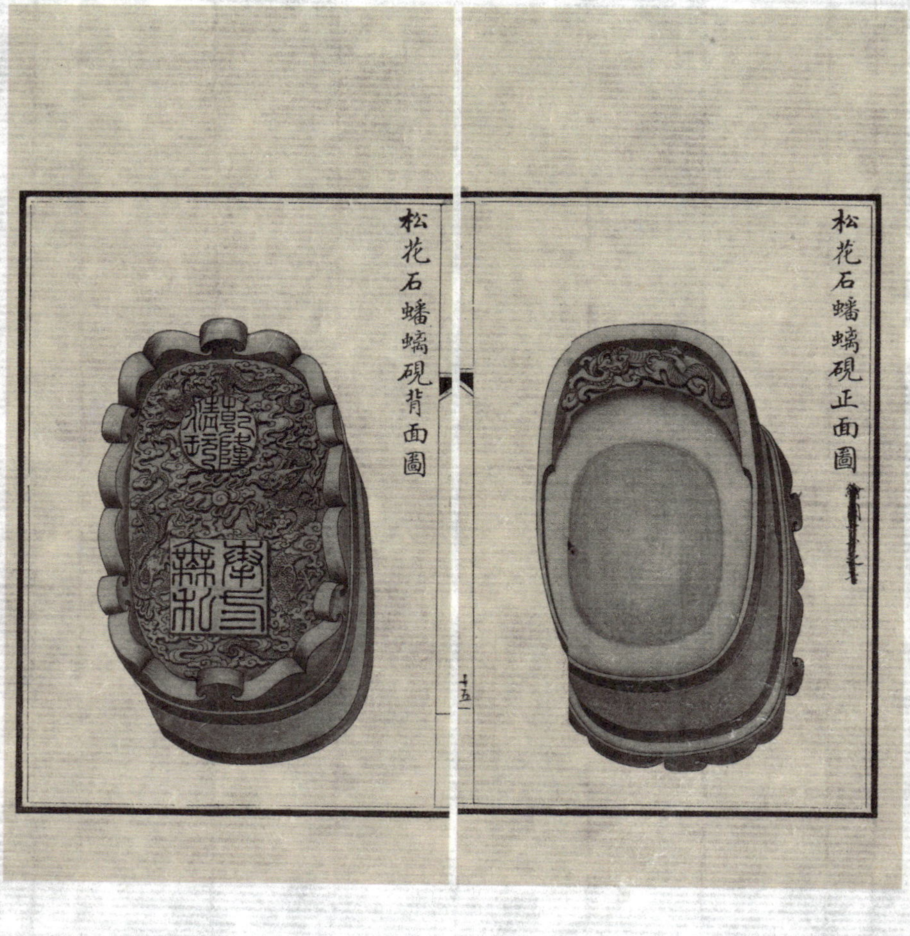
松花石蟠螭硯正面圖

松花石蟠螭硯背面圖

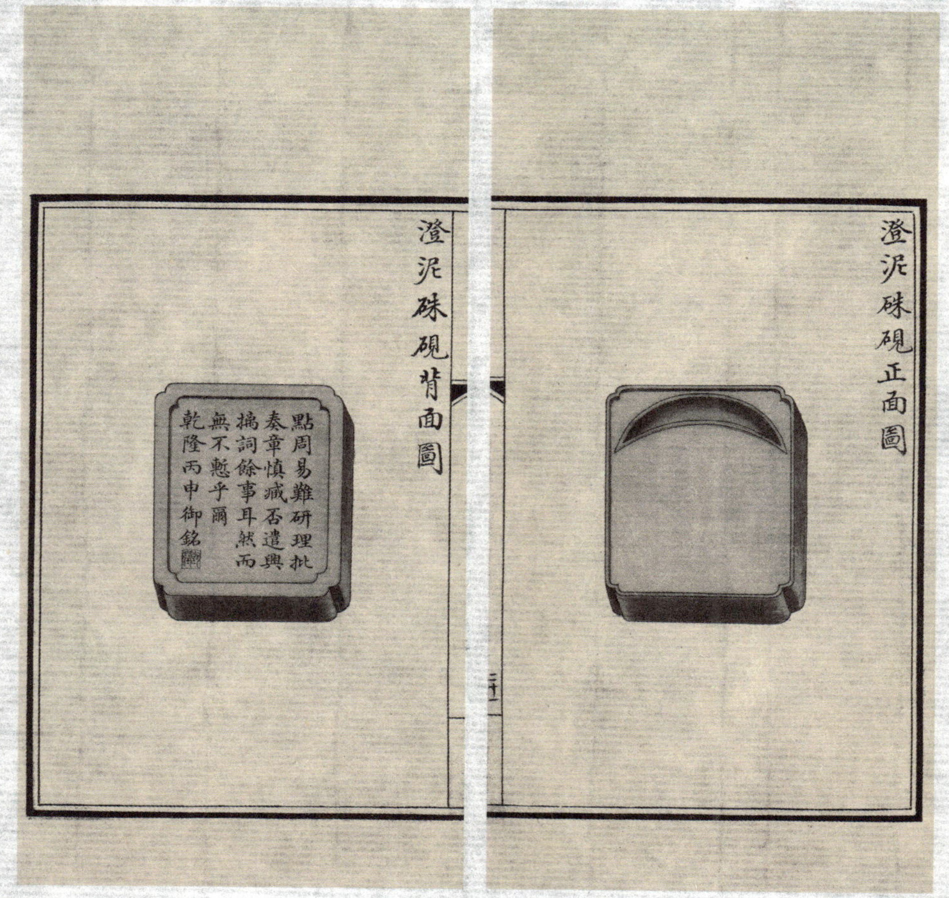
澄泥硃硯正面圖

澄泥硃硯背面圖

點周易難研理批
奏章慎臧否遺興
摛詞餘事耳然而
無不慙予爾
乾隆丙申御銘

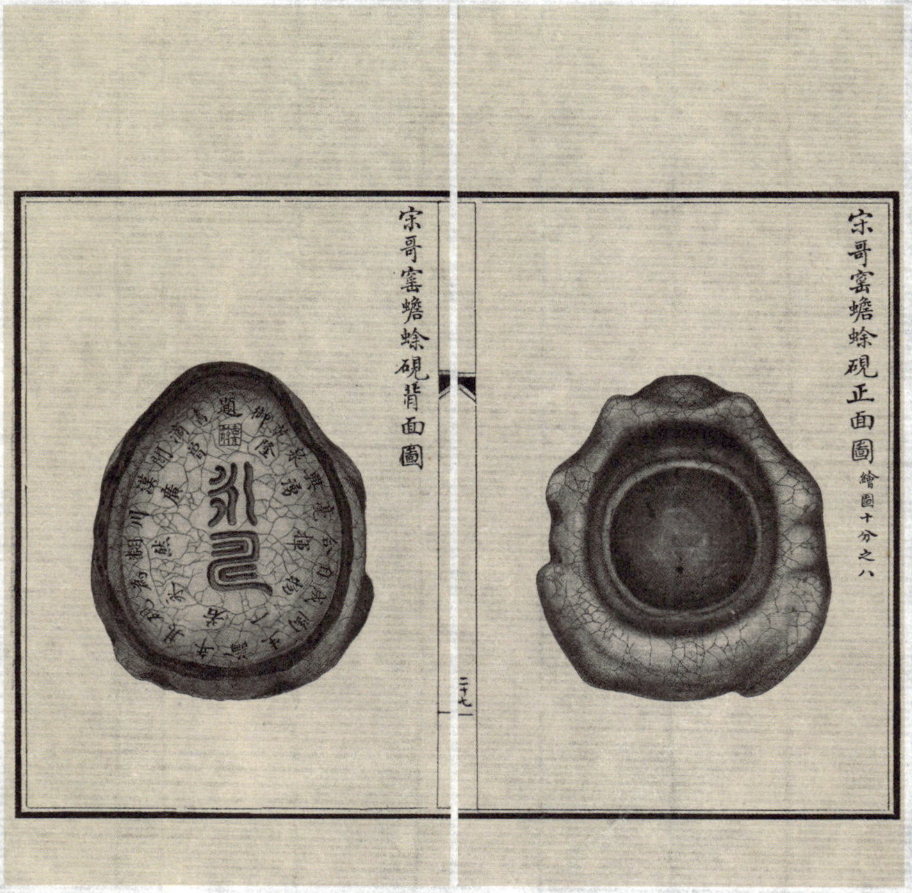

宋哥窯蟾蜍硯正面圖　繪圖十分之八

宋哥窯蟾蜍硯背面圖

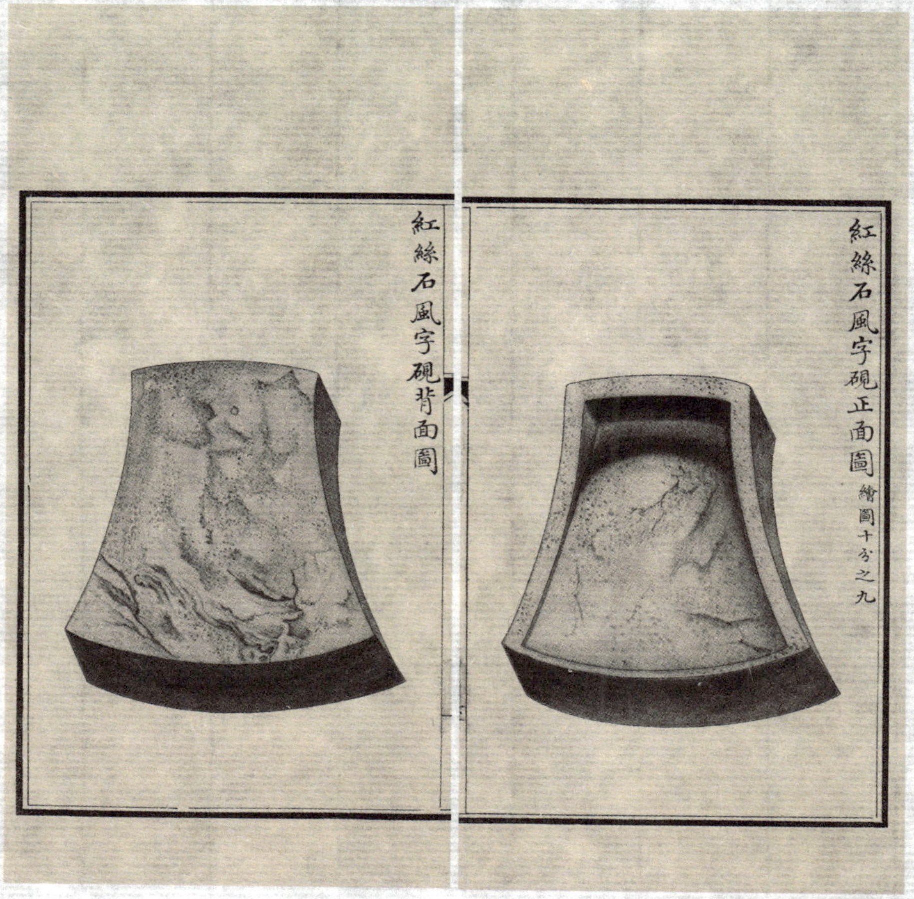
紅絲石風字硯正面圖 繪圖十分之九

紅絲石風字硯背面圖

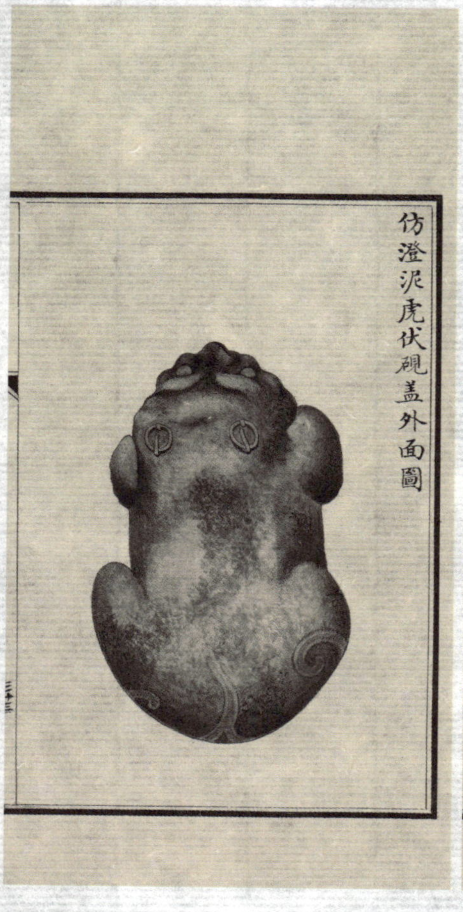
仿澄泥虎伏硯盖外面圖
三十三

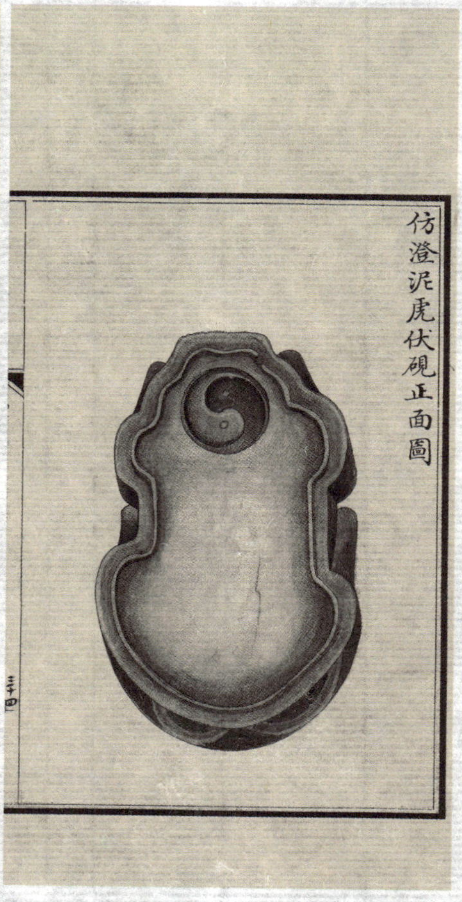
仿澄泥虎伏硯正面圖
三十四

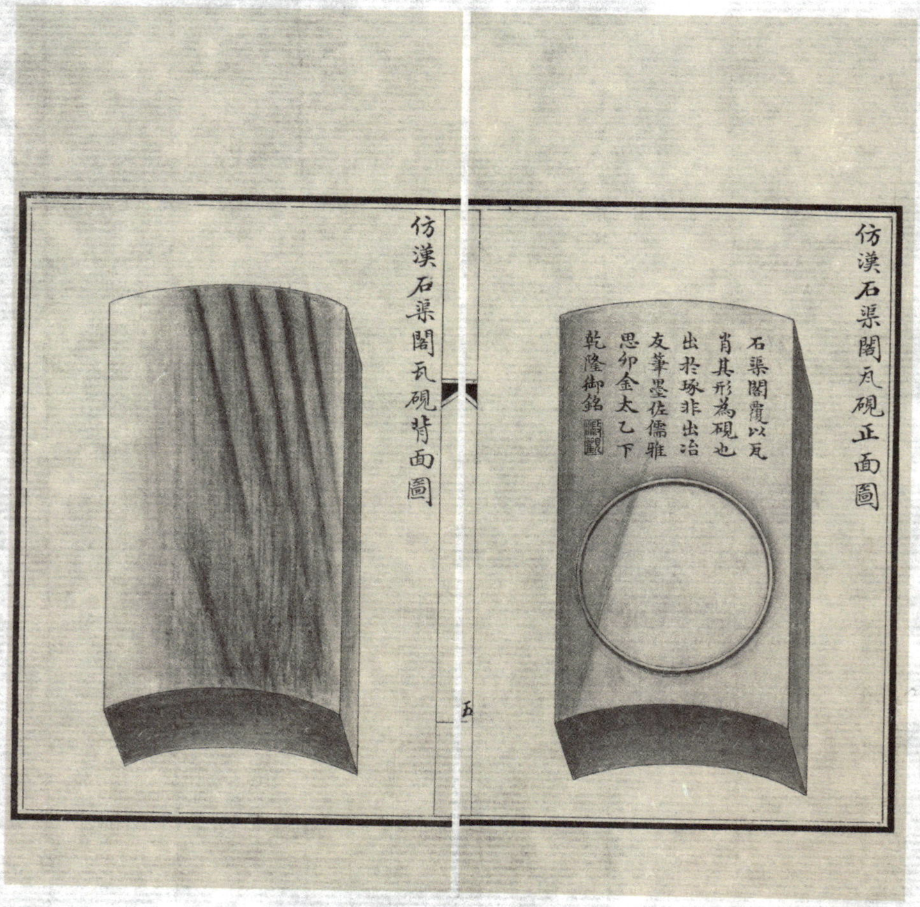
仿漢石渠閣瓦硯正面圖

石渠閣覆以瓦
肖其形為硯也
出於琢非出冶
友筆墨佐儒雅
思卯金太乙下
乾隆御銘

仿漢石渠閣瓦硯背面圖

五

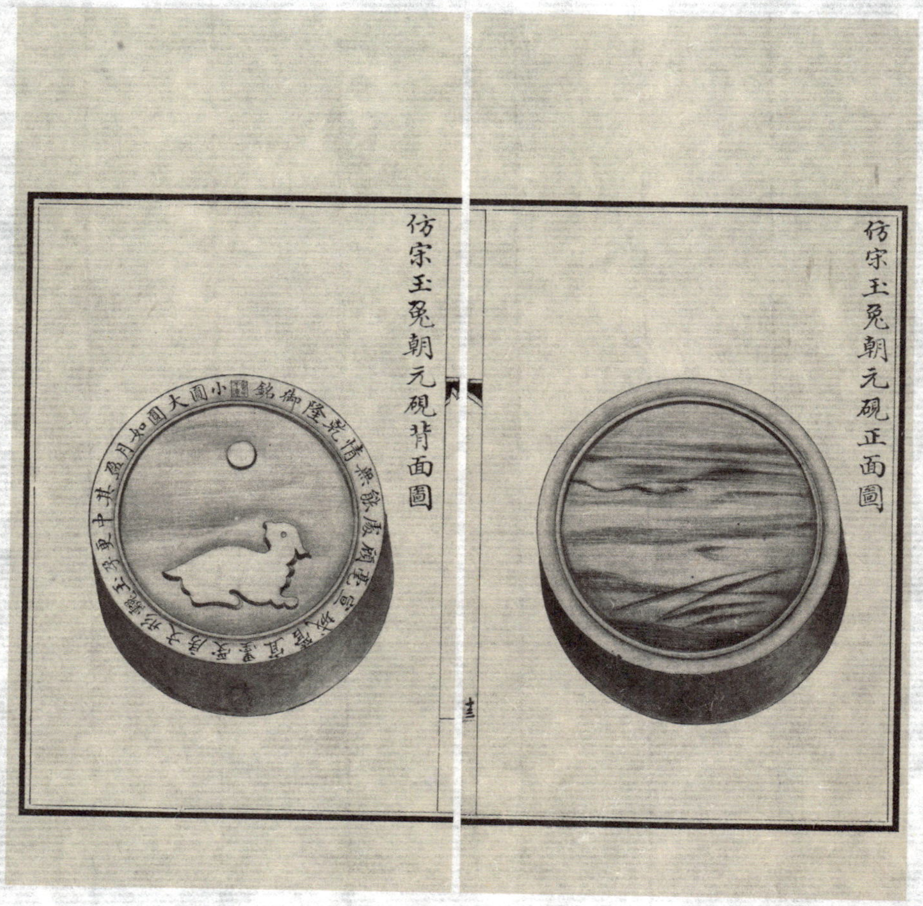
仿宋玉兔朝元硯正面圖
仿宋玉兔朝元硯背面圖

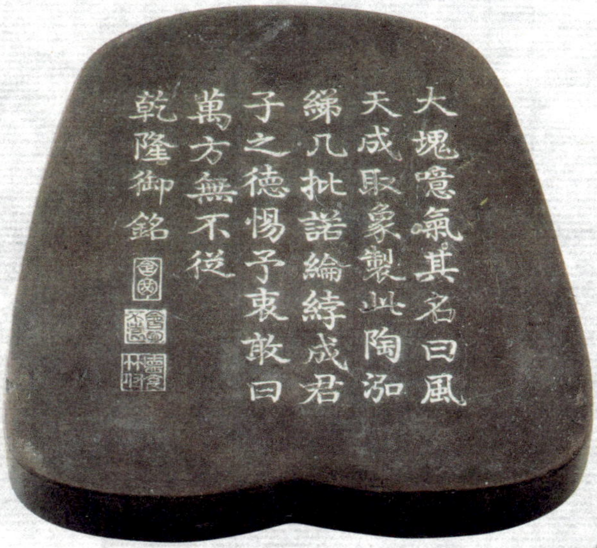
大塊噫氣其名曰風
天成取象製此陶泓
綈几批諾綸綍成君
子之德惕予衷敢曰
萬方無不從
乾隆御銘

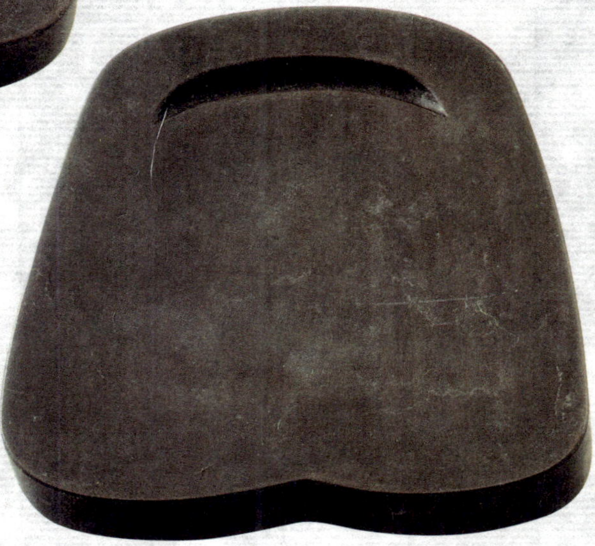

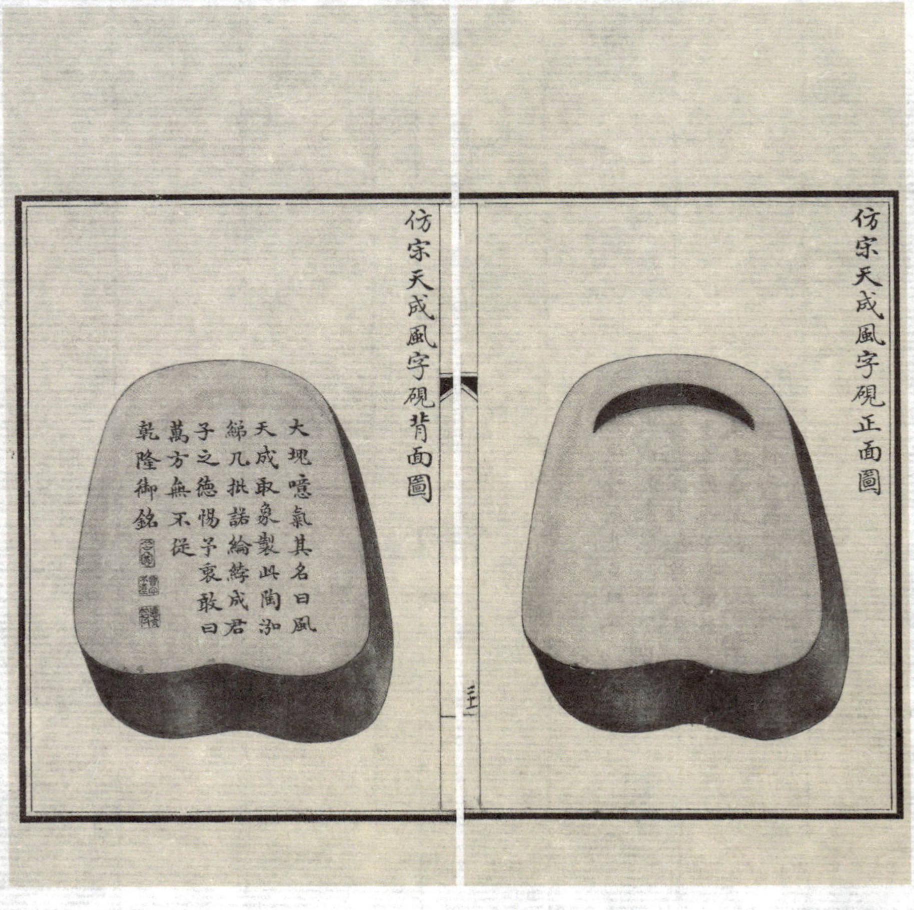
仿宋天成風字硯正面圖
仿宋天成風字硯背面圖
大塊噫氣其名曰風
天成取象製此陶泓
綈几批諾綸綍成君
子之德惕予衷敢曰
萬方無不從
乾隆御銘

圖書在版編目（CIP）數據
乾隆御製稿本西清硯譜 / 國家圖書館編；沈樂平整理. -- 上海：上海書畫出版社，2017.3
ISBN 978-7-5479-1451-9
Ⅰ. ①乾… Ⅱ. ①國… ②沈… Ⅲ. ①古硯－中國－圖集
Ⅳ. ①K875.42
中國版本圖書館CIP數據核字(2017)第032923號

ISBN 978-7-5479-1451-9
9 787547 914519 >

乾隆御製稿本西清硯譜

（清）門應兆　繪畫　沈樂平　整理

責任編輯　朱艷萍　楊少鋒
特約編輯　洪華志
審　　讀　陳家紅
特約校對　張　姣
裝幀設計　品悦文化
技術編輯　顧　傑

出版發行　上海世紀出版集團
　　　　　上海書畫出版社
地　　址　上海市延安西路593號　200050
網　　址　www.ewen.co　www.shshuhua.com
E-mail　shcpph@163.com
製　　版　杭州立飛圖文製作有限公司
印　　刷　杭州蕭山古籍印務有限公司
經　　銷　各地新華書店
開　　本　700×1400　1/12
印　　張　375
版　　次　2017年6月第1版　2017年6月第1次印刷
書　　號　ISBN 978-7-5479-1451-9
定　　價　捌仟圓整